MODERN HUMANITIES RESEARCH ASSOCIATION

CRITICAL TEXTS

VOLUME 3

Editor
RITCHIE ROBERTSON
(*Germanic*)

LETZTE CHANCEN: VIER EINAKTER VON MARIE VON EBNER-ESCHENBACH

MHRA Critical Texts

This series aims to provide affordable critical editions of lesser-known literary texts that are not in print or are difficult to obtain. The texts will be taken from the following languages: English, French, German, Italian, Russian, and Spanish. Titles will be selected by members of the distinguished Editorial Board and edited by leading academics. The aim is to produce scholarly editions rather than teaching texts, but the potential for crossover to undergraduate reading lists is recognized. The books will appeal both to academic libraries and individual scholars.

Malcolm Cook
Chairman, Editorial Board

Editorial Board

Professor John Batchelor (English)
Professor Malcolm Cook (French) (*Chairman*)
Professor Ritchie Robertson (Germanic)
Professor David George (Hispanic)
Professor Brian Richardson (Italian)
Professor David Gillespie (Slavonic)

Current titles

1. *Odilon Redon: 'Écrits'* (edited by Claire Moran, 2005)

2. *Les Paraboles Maistre Alain en Françoys* (edited by Tony Hunt, 2005)

3. *Letzte Chancen: Vier Einakter von Marie von Ebner-Eschenbach* (edited by Susanne Kord, 2005)

For details of how to order please visit our website at www.criticaltexts.mhra.org.uk

LETZTE CHANCEN: VIER EINAKTER VON MARIE VON EBNER-ESCHENBACH

Herausgegeben und eingeleitet von

Susanne Kord

MODERN HUMANITIES RESEARCH ASSOCIATION
2005

Published by

The Modern Humanities Research Association,
1 Carlton House Terrace
London SW1Y 5DB

First published 2005

ISBN 0 947623 65 5

ISSN 1746-1642

Copies may be ordered from www.criticaltexts.mhra.org.uk

Inhalt

Einleitung

Das Jahr 2006 markiert das neunzigste Todesjahr der Autorin Marie von Ebner-Eschenbach. Seit etwas über hundert Jahren gilt sie als die „erste"[1] oder auch die „größte deutschsprachige Schriftstellerin",[2] als die überragende Autorin des neunzehnten Jahrhunderts, der man eigentlich nur, wenn überhaupt, Annette von Droste-Hülshoff zur Seite stellen kann. Daß das Werk der Marie von Ebner-Eschenbach trotz solcher Lobeshymnen bisher kaum rezipiert wurde, müßte uns eigentlich erstaunen, wären wir nicht mittlerweile sattsam mit literaturgeschichtlichen Ausschluß-mechanismen, denen Schriftstellerinnen früherer Zeitalter das gesamte zwanzigste Jahrhundert hindurch unterlagen, vertraut.[3] Besonders zwei davon scheinen mir auf den Fall Ebner zuzutreffen: zum einen die Tradierung der Autorin als Einzelfall und zum zweiten die Festlegung der Autorin auf ‚subjektive' Genres wie Briefe, Erzählungen, Aphorismen und Autobiographisches. Zum einen: Ihr Ausnahmestatus als ‚erste' (als hätte vor ihr nie eine Frau die Feder in die Hand genommen) oder auch als ‚größte' deutschsprachige Schriftstellerin (von zwei allgemein bekannten) beraubt die Autorin des Kontextes der (übrigens enorm umfangreichen) weiblichen Schriftstellerei im neunzehnten Jahrhundert und uns LeserInnen des Bewußtseins, daß es sich hier um eine literarische *Tradition* handelt und eben nicht nur um die zwei Einzelfälle Ebner und Droste. Damit wird eine ganze Palette von Interpretationsmöglichkeiten, die beim Lesen der Literatur männ-

---

1 Ich nehme als Beginn dieser Tradierung die Ehrung anläßlich ihres 70. Geburtstages im Jahre 1900. Bei dieser Gelegenheit erhielt sie u. a. die Ehrendoktorwürde der Universität Wien und wurde, meines Wissens erstmals, in der Ehrenansprache als „erste deutsche Schriftstellerin" gefeiert (Jacob Minor, zit. Zeman 115). Der Ausspruch von der „ersten" deutschen Schriftstellerin kann m. E. durchaus doppeldeutig gelesen werden: einerseits als Kompliment (als Synonym für „größte" deutsche Schriftstellerin) oder aber, wörtlich gelesen, als Negation sämtlicher Schriftstellerinnen vor ihr. Wie immer Minor diese Bemerkung gemeint hat — seitdem ist die Bezeichnung Ebners als größte deutschsprachige Schriftstellerin in der Sekundärliteratur gängige Münze.

2 So fast gleichlautend bei (u. a.) Cella 63, Harriman 27, Rose 1, Steiner 5, Strelka 7. Als das Urheberrecht ihrer Werke 70 Jahre nach ihrem Tod verfiel, erklärte Polheim sie gar zur „Klassikerin", „Einführung" 8.

3 Kord, *Namen*, bes. 140-47.

licher Autoren eine Selbstverständlichkeit sind — von Intertextualität bis zur Wirkungsgeschichte — schlagartig undenkbar. Die Autorin kann nur im Kontext der männlichen Literaturgeschichte rezipiert werden (was in der Regel zu der automatischen Feststellung ihrer vergleichsweisen Trivialität führt) oder aber völlig dekontextualisiert, im kleinen Rahmen des eigenen Lebens und Werkes.

Oder vielmehr, in diesem Fall: im noch kleineren Rahmen eines Werkausschnitts. Denn mit wenigen Ausnahmen wurde und wird Ebner nicht als Autorin tradiert, sondern als Erzählerin. Zu diesem Zweck wird ein erheblicher Teil ihrer Literatur in Werkausgaben und Sekundärliteratur kurzerhand unterschlagen, ihre Themenvielfalt auf das Versöhnliche, Unkontroverse und Berechenbare reduziert. Ikonographie und Mythenbildung tun das Ihrige, um aus der ehrgeizigen Dramatikerin eine Erzähltante zu machen — eine Figur, mit der LeserInnen noch im zwanzigsten Jahrhundert anscheinend besser zurechtkamen als mit einer Autorin, die einst unbescheiden plante, „die größte Schriftstellerin aller Zeiten und Völker" zu werden.[4]

„Schriftstellerin" bedeutete für sie zunächst: Dramatikerin. Ebner schrieb fünfzig Jahre lang Dramen und widmete dem Drama die ersten dreißig Jahre ihrer Karriere; sie schrieb historische Tragödien, Künstlerdramen, Gesellschaftsstücke und Komödien. Von ihren insgesamt sechsundzwanzig Dramen[5] wurden die Hälfte zu ihren Lebzeiten gespielt und acht zu ihren Lebzeiten gedruckt; fast alle wurden von Presse und Kritik erbarmungslos verrissen. Daß es sich dabei nicht etwa um eine geschlechtsneutrale Kritik handelte, die sich ausschließlich auf die wie immer geartete ‚Qualität' ihrer Werke bezog, muß Ebner von Anfang an bewußt gewesen sein. Ihr erstes vollendetes Drama, die historische Tragödie *Maria Stuart in Schottland*, schickte sie unter dem zweideutigen Autornamen „M. von Eschenbach" an die Intendanten sämtlicher namhaften deutschen Bühnen, wohl wissend, daß die meisten LeserInnen hinter einem abgekürzten Vornamen automatisch einen männlichen Autor vermuten. Ebners

[4] Alkemade 20.

[5] Eine Liste ihrer dramatischen Werke, inklusive Standorte für ungedruckte Manuskripte sowie Angaben von Drucken und Aufführungen zu Ebners Lebzeiten, findet sich auf S. 119-21 in diesem Band.

2

Geduld wurde belohnt mit einer einzigen Annahme zur Aufführung (von Eduard Devrient in Karlsruhe, wo das Drama 1861 gespielt wurde) und einem Verriß des Dramas des vermeintlichen „Herrn von Eschenbach" aus der Feder des Kritikers Ludwig Speidel.[6] Erst später erfuhr Devrient von dem Geschlecht der Autorin; ihr nächstes Drama, die Revolutionstragödie *Marie Roland* (1867), lehnte er zur Aufführung ab.[7]

In ihrem Bemühen, sich als ernstzunehmende Bühnenschriftstellerin zu etablieren, kämpfte Ebner nicht nur gegen eine männlich dominierte Literaturszene an, sondern vor allem auch gegen die allgemeine Auffassung des Dramas als männliches Genre. In der Nachfolge des klassischen Dramas, vor allem des Schillerschen Dramas, das auch das Vorbild für Ebners historische Tragödien stellt, galt Drama allgemein als die ‚höchste' Form literarischer Kunst, zu der Frauen schlicht nicht befähigt seien.[8] Im neunzehnten und auch noch im zwanzigsten Jahrhundert verbreiten sich Ästhetiker, Dramentheoretiker und auch Sitten- und Etikettenratgeber für Frauen endlos über die *prinzipielle* Inkompatibilität von Drama und Weiblichkeit,[9] und so wurde es auch für Rezensenten geradezu normal, die weibliche Unfähigkeit zur Dramatik unhinterfragt vorauszusetzen.[10] In Alexander von Weilens markigen Worten: „Den wenigen Dramen, welche die Ebner verfasst, fehlt nichts als — die Hand des Mannes, welche allein die Gewalt fordernde Form zu beherrschen vermag."[11] Noch fünfundvierzig Jahre später gelangt Mechthild Alkemade, sinnierend, warum aus Ebner keine namhafte Dramatikerin wurde, zu demselben Resultat: „Auch ihre weibliche Natur kommt hier in

---

[6] Bramkamp 29.

[7] Vgl. u. a. Colvin, *Women* 21 und Giesing 264.

[8] Vgl. dazu Kord, *Namen* 56-76; umgekehrt die Diskussion der Erzählung als ‚Frauengenre' bei Bramkamp, 34-36. Steiner behauptete noch 1994, Ebner sei zum Drama emotionell, psychologisch und intellektuell unfähig gewesen („Marie Ebner [...] was emotionally, psychologically, and intellectually not prepared to continue writing drama," 98).

[9] Vgl. dazu u. v. a. Motte-Fouqué, Woltmann, Humboldt, Goethe, Goethe/ Schiller, Hegel, A. W. Schlegel, F. Schlegel.

[10] S. Kord, *Namen* 156-73 für eine Diskussion solcher Besprechungen bis zur Jahrhundertwende.

[11] Weilen 1003.

Betracht; es gibt selbst im literarischen Schaffen Leistungen, zu denen sich eine Frau nicht emporzwingen kann."[12] Für Ebner, wie für alle Dramatikerinnen ihrer Zeit,[13] bedeutete das, daß ihr dramatisches Werk wenig Chancen hatte, ernstgenommen zu werden, wenn bekannt war, daß es von einer Frau stammte. Wie viele ihrer Kolleginnen auch griff sie zur nächstliegenden Abhilfe: Anonymität (entweder Identitäts- oder zumindest Geschlechtsanonymität) oder Pseudonymität.[14] Nur unter diesen Voraussetzungen läßt sich erklären, was sonst unfaßbar wäre: daß es gerade von Ebner, die doch so ernsthaft versuchte, sich auf dramatischem Gebiet einen Namen zu machen — ein „Shakespeare des neunzehnten Jahrhunderts"[15] wollte sie werden! — kaum ein unter ihrem vollen Namen veröffentlichtes oder aufgeführtes Drama gibt. Ihre Tragödien schickte sie mit dem vorsichtigen (und geschlechtsneutralen) „M. v. Eschenbach" in die Welt; der gleiche Name steht auf der Ankündigung der skandalumwitterten Aufführung der Gesellschaftskomödie *Das Waldfräulein* im Jahre 1873. Bei der Inszenierung ihres Lustspiels *Untröstlich* ein Jahr später schien ihr nicht einmal Anonymität sicher genug: das Stück stand als „Original-Lustspiel von Meier" auf dem Theaterzettel des Wiener Stadttheaters. Gegen Ende des Jahrhunderts, nachdem der auf ihren Erzählungen basierende Ruhm ihr die Identitäts- oder Geschlechtsanonymität unmöglich gemacht hatte, mußte Ebner zu anderen Mitteln greifen, um nicht als Frau verschrieen zu werden, die sich auf die Höhe exklusiv männlicher Dramenkunst verstieg: statt ihres *Geschlechts* verschleierte sie nun ihr *Genre*. In der Neuschöpfung von Genrebezeichnungen für ihre um die Jahrhundertwende entstandenen dramatischen Arbeiten bewies sie einen Bände sprechenden Einfallsreichtum. Sie schrieb um diese Zeit alles — Szenen, dramatische Sprichwörter, dialogisierte Novellen — nur keine Dramen.

Die diplomatischen Ausflüchte, die Ebner aus Vorsicht oder Klarsicht im Bezug auf die zeitgenössische Haltung gegenüber Dramatikerinnen vornahm, erstarrten in ihrer Rezeption zur

---

[12] Alkemade 24.

[13] S. Kord, *Ein Blick* 13-21.

[14] Vgl. Kord, *Namen*, für eine erste Aufarbeitung der Geschichte der Anonymität und Pseudonymität von Schriftstellerinnen im 18. und 19. Jahrhundert.

[15] Alkemade 20.

biographischen Wahrheit. Ihrem Ruf als „erste" deutschsprachige Schriftstellerin gemäß ist über Ebner mehr geschrieben worden als über jede andere schreibende Frau ihres Jahrhunderts. In ihrer Rezeption erscheint sie als Aphoristin, Tagebuchschreiberin, Novellistin, Erzählerin — als alles, nur nicht als Dramatikerin. Neben etlichen biographisch angelegten Studien[16] befaßt sich die Forschung über sie vornehmlich mit ihren Erzählungen oder autobiographischen Schriften;[17] die Forschung zu ihren Dramen dagegen steckt noch in den Kinderschuhen.[18] Nur in einer einzigen der mittlerweile sieben zwischen 1893 und 1989 erschienenen Werkausgaben, die sich z. T. fälschlicherweise zu ihren „Sämtlichen" Werken stilisieren, erscheinen zwei ihrer Dramen.[19] Sekundärwerke, die Ebners dreißigjährige Tätigkeit als Theaterschriftstellerin nicht kurzerhand unterschlagen, degradieren sie häufig zur ‚Lehrzeit' der Autorin, die — so die gängige Interpretation — auf diesem Holzweg immerhin dramatisch charakterisieren und Dialoge schreiben lernte, bevor sie sich endlich ihrer schriftstellerischen ‚Bestimmung', dem erzählerischen Werk, zuwandte.[20] Die Dramatikerin Ebner hatte, so resümiert Alkemade,

> ihre eigentliche Begabung noch nicht erkannt. Sie schreibt Dramen, Lustspiele, Novellen, kritische Schriften. In diesen Versuchen eröffnet sich die Aussicht auf das Richtige, das Wesentliche. — Die Phase des

---

[16] Darunter Bramkamp; Schönfeldt; Tögel, *Marie von Ebner-Eschenbach*; Steiner und Danzer.

[17] Darunter die Beiträge in Strelkas Anthologie und der Großteil der von Polheim herausgegebenen Beiträge.

[18] Am ausführlichsten bisher Felbinger; Reichard; Colvin, *Women* 20-49; Kord, *Ein Blick* 128-31 und „Performing Genders" 100-03; Rose, „The Disenchantment" und *The Guises* 65-86 (dort trägt ihr Kapitel zu Ebners Dramen den bezeichnenden Titel „Writing ‚Like a Man'").

[19] *Am Ende* erschien in *Sämtliche Werke*. 6 Bde. Berlin: Paetel, 1920 (Bd. 1, S. 671-688), *Ohne Liebe* (Bühnenfassung) in derselben Ausgabe, Bd. 2, S. 703-34. Steiner behauptet, allerdings ohne diese Behauptung zu dokumentieren, die Autorin selbst habe die Veröffentlichung ihrer Dramen in ihren zu Lebzeiten herausgegebenen *Gesammelten Schriften* verweigert (92).

[20] Vgl. dazu u. a. Bramkamp 46, 63-64, Giesing 264, Gorla 18, Koch x, Schönfeldt 65, Steiner 39-40 und 99, Tögel, *Marie von Ebner-Eschenbach* 17-18 und 37.

Endgültigen bringt die entscheidenden ersten Erfolge, nachdem der richtige Weg gefunden ist. Damit hat sie ihre Bestimmung verwirklicht. Ebner-Eschenbach kann sagen: Ich habe nicht umsonst gelebt.[21]

Auch Karl Gladt sah in ihren Dramen lediglich das „Rüstzeug" für Leistungen auf „ihrem ureigensten Gebiet, der Erzählung."[22] Ebner selbst dagegen hielt in ihrem Tagebuch unmißverständlich fest, daß sie die Bühnenschriftstellerei nicht freiwillig oder aus Erkenntnis ihrer Bestimmung als Erzählerin aufgab, sondern unter dem Druck männlicher Vorurteile, eine Anmerkung, die in der von Bettelheim veröffentlichten Version wohlweislich gestrichen wurde.[23] Nicht selten beginnt die Rezeption Ebners, die in den 1840er Jahren zu schreiben begann, in den 1880er Jahren — mit den *Dorf- und Schloßgeschichten*, ihrem ersten Erfolg.[24] Die Ebner-Ikonographie setzt ebenfalls erst um diese Zeit ein: das gängige und am häufigsten als Frontispiz verwertete Ebner-Bild ist das der alten Frau. Wie Peter C. Pfeiffer zu Recht feststellt, ist die Ikonographie für das Leservermögen, sich vom Autor oder der Autorin ‚ein Bild zu machen,' zentral.[25] Insofern ist es mehr als bezeichnend, es ist geradezu bestimmend für unser Verständnis Ebners als Autorin, daß die junge Ebner nur in den seltensten Fällen bildlich auftritt[26]: zu der Zeit, in der sie noch Dramen schrieb, existiert sie *als Autorin* weder in Wort noch Bild.

Aus all dem könnte man schließen, daß einem Großteil der Ebner-Forschung im zwanzigsten Jahrhundert dieselbe Auffassung zugrunde liegt wie der Kritik des neunzehnten, nämlich das

[21] Alkemade 27.

[22] Zit. Bramkamp 62.

[23] *Meine Kinderjahre*, siehe Diskussion bei Rose 66.

[24] Paradigmatisch bei Zeman.

[25] Ich danke Peter C. Pfeiffer herzlich für den Einblick in zwei Kapitel seines Buches über Marie von Ebner-Eschenbach, in Vorbereitung (voraussichtlicher Titel: *Ästhetik, Geschlecht, Geschichte: Zum Werk Marie von Ebner-Eschenbachs*), das ein Kapitel zur Ebner-Ikonographie enthalten wird.

[26] Schönfeldt und Tanzer sind meines Wissens bisher die einzigen Ebner-Aufarbeitungen, in denen Bilder von Ebner in jungen oder mittleren Jahren enthalten sind, bei Tanzer auf dem Einband, bei Schönfeldt in einer Bildersektion, die auch Altersbilder enthält.

Prinzip der Unvereinbarkeit von Drama und Weiblichkeit. Zu den erstaunlichsten Aspekten der Ebner-Forschung gehört nicht nur das hartnäckige Übersehen oder die falsche Einordnung ihrer gesamten dramatischen Tätigkeit als ‚Lehrjahre‘, sondern auch eine übertriebene Tradierung der Autorin als ‚Frau‘, ganz im traditionellen Sinne des neunzehnten Jahrhunderts. In biographischer Forschung wird sie als „guter Mensch von Zdisslawitz"[27] geführt, Typ erzählende Großmutter, die beim Anblick sozialer Ungerechtigkeit in Mitleid zerfließt, sich aber feministischer oder politischer Ausfälle tunlichst enthält.[28] Die größte private Tragödie ihres Lebens vor dem Tod ihres Mannes im Jahre 1898 ist erwartungsgemäß ihre Kinderlosigkeit, die sie, wie die Forschung wissen will, unendlich betrauert haben soll.[29] Darauf gibt es in ihren unedierten Tagebüchern keinerlei Hinweise;[30] im Gegenteil: Ebner selbst fand, es existiere „eine nähere Verwandtschaft als die zwischen Mutter und Kind: die zwischen dem Künstler und seinem Werke."[31] Die Abwesenheit von Klagen der Autorin im Bezug auf die eigene Kinderlosigkeit hat die Forschung nicht daran gehindert, Ebner weiterhin unbeirrt Kinderwünsche zu unterstellen: „Und sie selbst blieb kinderlos. Wie schwer sie darunter gelitten hat, spricht sie nirgends offen aus."[32]

---

[27] Gertrud Fussenegger; Diskussion u. a. bei Bramkamp 99 und Peter C. Pfeiffer, „Geschichte" 68.

[28] U. a. bei Koch vi, Tögel, *Marie von Ebner-Eschenbach* 2.

[29] Steiner noch 1994: „the fact that her marriage was not blessed with children — for reasons which were never openly explained — must have left her unfulfilled in view of her boundless love of children, readily gleaned and richly documented in her fiction [...]. [...] such a lack of offspring must have created and left a void in her, capable of causing psychological traumas. This void and the problems associated with it are definitely reflected in some of the female protagonists of her fiction" (47-48). Unter Anwendung ähnlicher Argumente wirft Steiner sich zum Verteidiger ihrer Schriftstellerei auf, die selbstverständlich nur als verkappte Mutterschaft akzeptabel ist, qualifiziert dabei aber gleichzeitig ihr Werk als Kinderliteratur ab: „Although life denied her children of her own, for which she inwardly longed, she was able as a writer to give of herself to many children" (57).

[30] Rose 5.

[31] *Aphorismen* 42.

[32] Alkemade 31.

Ebners verkappte Mütterlichkeit spielte auch in der Forschung über sie bisher eine Hauptrolle. Verglichen mit den zahlreichen Studien zu Ebners Mutter-, Töchter- oder Kinderfiguren[33] haben die Revolutionärinnen oder Königinnen ihrer historischen Tragödien kaum das Interesse der Forschung geweckt.[34] Selbst dort, wo sie erscheinen, tun sie es z. T. im Schafspelz traditioneller Weiblichkeit: Tögel beispielsweise sieht in Marie Roland „weniger die Revolutionärin als die Vertreterin einer alles durchdringenden Liebe."[35] Auch die vielgerühmte Liebesfähigkeit, Menschlichkeit und Güte der Autorin selbst, unschwer dechiffrierbar als altbackene Weiblichkeitsvorstellung, springt LeserInnen von jedem zweiten Buchdeckel oder Titelblatt ins Auge: sie ist die *Dichterin mit dem Scharfblick des Herzens* (Schönfeldt), Leben und Werk sind geprägt von „Entsagungsmut" (Tögel), Vernunft und Liebe (Steiner), oder *Des Mitleids tiefe[r] Liebesfähigkeit* (Strelka). Ob gerechtfertigt oder nicht, erscheint Ebners Werk in der Sekundärliteratur meist als unrealistische heile Welt, in der gesellschaftlichen Problemen eine persönliche karitative Ethik entgegengesetzt wird.[36] Große politische und soziale Konflikte zu ihren Lebzeiten lassen, so dieser Strang ihrer Rezeption, ihre literarische Welt unberührt: die 1848er Revolution (die Zeit ihrer literarischen Anfänge) hinterließ darin keine Spuren; der erste Weltkrieg (die Zeit ihres Lebensendes) zeichnet sich darin nicht einmal ahnungsweise am Horizont ab. Zu Beginn ihrer Rezeption ist die Festschreibung von Ebners Werk als nostalgischer Kontrast zum politischen Gegenwartsgeschehen sicher nachvollziehbar; bemerkenswert bleibt, daß die Forschung der nächsten 90 Jahre — mit wenigen Ausnahmen[37] — dieser interpretatorischen Dimension kaum weitere hinzugefügt hat.

---

[33] Tanzer 181-202; Brokoph-Mauch; Consbruch; Demant; Gerber; Gorla; Tögel, „Daughters".

[34] Zu *Marie Roland* s. Kord, *Ein Blick* 128-31; Colvin, *Women* 28-31; Tögel, *Marie von Ebner-Eschenbach* 27-30; zu *Maria Stuart* s. Kord, „Performing Genders" 100-03; Colvin, *Women* 23-28 und „Disturbing Bodies".

[35] *Marie von Ebner-Eschenbach* 29.

[36] Zur Rezeption Ebners als unpolitisch vgl. Alkemade 183-87 und 201; Riemann; Cella 64-66; Koch xxii-xxiii; Rose 2 und 12-13.

[37] Peter C. Pfeiffer interpretiert Ebners Abstinenz in Sachen Politik und ihre Konzentration auf das Private in *Meine Kinderjahre* als Polemik gegen das klassisch-goethesche Modell der Autobiographie: sie grenze sich dadurch von der

Zu dieser Tradierung Ebners als Unpolitische gehören auch die in der Sekundärliteratur hartnäckig wiederkehrenden Beschwörungsformeln, Ebner sei beileibe keine Emanze gewesen.[38] Sowohl diese Abwehr als auch die vergleichsweise seltenen Versuche, Ebner für den Feminismus zu reklamieren,[39] sind häufig charakterisiert von recht offensichtlichem Unbehagen: Ausdruck möglicherweise der Unsicherheit, inwieweit Ebner, immerhin die ‚größte' Schriftstellerin des neunzehnten Jahrhunderts, im zwanzigsten bzw. einundzwanzigsten überhaupt noch rezipierbar ist. Auch die Antwort auf diese prinzipielle Frage scheint mir bereits in der Verstümmelung Ebners zur Nur-Novellistin vorweggenommen. Ebners Autorimage befindet sich in einem literaturgeschichtlichen schwarzen Loch. Vor hundertfünfundvierzig Jahren, als ihre Rezeption langsam, aber unerbittlich einsetzte, war sie zur falschen Zeit am falschen Platz, und dort ist sie bis zum heutigen Tag geblieben. In der Erzählung „Ein Spätgeborner" (1874), die häufig autobiographisch gelesen wird,[40] soll sie die Mißerfolge ihrer frühen Dramen aufgearbeitet haben: der Held der Erzählung schreibt künstlerisch anspruchsvolle Dramen in einem Zeitalter, in dem nur billigste Unterhaltung auf dem Theater ankommt, und zerbricht schließlich an der ständigen Mißachtung seines dramatischen Werkes. Ausgerechnet von dem Kritiker, dem er die Lächerlichmachung seines Erstlingswerkes auf der Bühne verdankt, wird der unzeitgemäßen Dramatiker belehrt: „Sie sind zu spät geboren! Vor dreißig oder fünfzig Jahren wäre man Ihnen verständnisvoll entgegengekommen, Ihre Stimme hätte einen lauten Widerhall erweckt. Aber heute! ... Die Menschen, für welche Sie schreiben, sind tot."[41] Das Problem bei der Ebner-Rezeption ist nun zweierlei: erstens schreibt nach allgemeinem Dafürhalten ein ‚großer' Dichter nicht für die Vor-, sondern für die Nachwelt; zweitens betrifft die hier beschriebene Ungleich-

---

Vorstellung ab, daß das Subjekt „nicht nur über *seine* Geschichte, sondern auch über *die* Geschichte verfügen" könne („Geschichte" 69-70, das Zitat 70, Hervorhebungen original).

[38] Gleichlautend u. a. bei Alkemade 53, 82, Gorla 39, Strelka 7.

[39] Vgl. bes. die Werke von Dietrick und Harriman.

[40] Siehe u. a. bei Koch xi; Steiner 38 und 106-07, Alkemade 121 und 225, Rose 9.

[41] Marie von Ebner-Eschenbach, "Ein Spätgeborner." *Sämtliche Werke* I, 11-73, das Zitat 46.

zeitigkeit, will man sie tatsächlich auf Ebner als Autorin anwenden, nicht nur ihr Frühwerk, sondern auch das Alterswerk, mit dem sie schließlich berühmt wurde. Denn will man, wie es die autobiographische Lesart der Erzählung „Ein Spätgeborner" nahe legt, Ebners Dramen in die Schillerzeit verweisen, so könnte man ihr Autorimage als beschauliche Erzählerin mit gleichem Recht in der Zeit der Brüder Grimm ansiedeln, oder allenfalls noch im späten neunzehnten Jahrhundert. Wäre Ebner jung gestorben, hätte sie nicht ihre Erzählungen geschrieben, wäre es ihrer Rezeption unmöglich, sie auf dieses altbackene Autorbild festzulegen. Ohne dieses Image, das heute den Blick auf alle anderen Möglichkeiten verstellt, wäre sie heute vielleicht als ernsthafte Schauspieldichterin wiederentdeckbar. Wie man ihr bis tief ins zwanzigste Jahrhundert hinein ihren Übergriff auf das männlich konnotierte Drama verübelte, kritisiert man im späten zwanzigsten und frühen einundzwanzigsten den harmlos-nostalgisch-beschaulichen Ton ihrer Erzählungen. Gerade der Umstand, daß sie mit diesen Erzählungen zur Erfolgsautorin ihrer Zeit wurde, läßt sie heute — ähnlich wie andere Erfolgsautorinnen des neunzehnten Jahrhunderts, wie z. B. die ‚Trivial'-Dramatikerin Charlotte Birch-Pfeiffer und die *Gartenlaube*-Vielschreiberin E. Marlitt — als wenig salonfähig erscheinen. Etwas überspitzt ausgedrückt könnte man mutmaßen, daß Ebners später Ruhm als Erzählerin sie ihren verdienten Nachruhm als Dramatikerin kostete: sie war nicht nur eine „Spätgeborene", sondern auch eine Spätgestorbene — für das neunzehnte Jahrhundert zu verwegen, für das zwanzigste zu bieder.

Die vier Einakter, die hier vorgestellt werden, entstanden in den letzten fünf Jahren des neunzehnten Jahrhunderts, mitten in Ebners ‚Novellenzeit' und gut zwanzig Jahre nach ihrem letzten Drama. Stilistisch passieren hier sämtliche dramatischen Genres, in denen Ebner in den 1860er und 1870er Jahren schrieb, noch einmal Revue, von der Gesellschaftskomödie in *Ohne Liebe* und *Am Ende* bis zur *haute tragédie* (Anklänge daran finden sich sowohl in *Genesen* als auch, in persiflierter Form, in *Es wandelt niemand ungestraft unter Palmen*). Man kann davon ausgehen, daß Ebners hintergründige Genrebezeichnungen mit der zeitgenössischen Ablehnung ihrer frühen Theaterstücke in engem Zusammenhang stehen. Verniedlichungen wie ‚Szene' oder ‚Sprichwort' lenkten effektiv davon ab, daß sie hier erneut einen Tabubruch beging; indem sie ihre Dramen auf dialogisierte Novellen umtaufte, verwies sie unmißverständlich auf ihr ‚eigentliches' Genre und versuchte gleichsam, diese Texte in ihr anerkanntes schriftstellerisches Werk einzuschmuggeln. ,Novellen' sind diese Dramen auch nach A. W. Schlegels, Tiecks und Goethes Definitionen: Schlegel/Tieck betonen bei der Novelle „das Auftreten e[ines] völlig unerwarteten, doch natürlich entwickelten und scharf herausgearbeiteten Wendepunktes in der psychologisch bruchlos gestalteten Charakterentwicklung",[42] was auf alle weiblichen Hauptfiguren dieser Dramen zutrifft. Für Goethe war das Gattungsmerkmal der Novelle bekanntlich eine „sich ereignete unerhörte Begebenheit."[43]

Diese unerhörte Begebenheit ist in allen Fällen die gleiche: die Rückkehr eines einst geliebten Mannes in das Leben einer Frau, die mittlerweile gelernt hat, ohne ihn auszukommen. In allen hier vorgestellten Dramen löst diese Begegnung in der Tat bei der weiblichen Hauptfigur den von Schlegel und Tieck beschriebenen „Wendepunkt" aus. Schon die Tatsache, daß die Perspektive der Protagonistin meist das Drama dominiert, scheint anzudeuten, daß die Darstellung dieses Wendepunktes und seiner Konsequenzen weitaus wichtiger ist als die Frage, ob das Paar sich nun am Ende ,kriegt' oder nicht. Die Wiederbegegnung spielt sich in adligen Kreisen ab, wobei — und das ist für ,höhere Töchter' um die Jahrhundertwende eine relativ neue Situation — die Frauen vor der Wahl stehen, den sich anbietenden Mann anzunehmen oder abzulehnen, ohne daß auf ihre Entscheidung ein ernstzunehmender gesellschaftlicher Druck ausgeübt werden kann. Die Ausgangssituation dieser Dramen spielt auf eine relativ neue sozialgeschichtliche Entwicklung an, nämlich auf den Übergang von der sogenannten ,Vernunftehe' (nach der die Eltern den Heiratskandidaten für ihre Tochter nach finanziellen oder ständischen Kriterien auswählten und den Töchtern bestenfalls das Vetorecht blieb) zur Liebesheirat, in der junge Leute ihre eigene Wahl trafen und das Vetorecht an die Eltern überging.[44]

Voraussetzung für die Freiheit (und Qual) der Wahl ist in diesen Dramen allemal die finanzielle und geistige Unabhängigkeit der Frau. Auffällig ist, daß Ebner ihren Frauenfiguren, egal in welchem Lebensalter oder in welcher Familiensituation sie die Bühne

---

[42] Zit. nach von Wilpert 557. Vgl. auch Wilperts Anmerkungen zur formalen Verwandtschaft zwischen Novelle und Drama, 557.

[43] Zit. nach von Wilpert 557.

[44] Vgl. Lawrence Stone, Becker-Cantarino und Hausen.

betreten, diese Unabhängigkeit bewahrt hat. Die Palette ihrer Heldinnen reicht von Frauen in den Mittzwanzigern bis zu den Mittsechzigern und von ‚alten Jungfern' (Emmas unbekümmerte Selbsteinschätzung in *Ohne Liebe* stand sicher im Einklang mit dem zeitgenössischen Urteil) bis zu Ehefrauen (Klara in *Genesen*), Geschiedenen (Klothilde in *Am Ende*) und Witwen (Leonore in *Es wandelt niemand ungestraft unter Palmen*). Die Gemeinsamkeit, die alle diese Unterschiede nebensächlich erscheinen läßt, ist diese: *keine* der hier dargestellten Frauen sieht sich aus Versorgungs-gründen, gesellschaftlichen Zwängen, oder verinnerlichten Minder-wertigkeitskomplexen zur Ehe gezwungen. Und nur basierend auf dieser um die Jahrhundertwende noch vergleichsweise ungewöhn-lichen Situation kann die prinzipielle Frage eines jeden Dramas gestellt werden.

Ebner privilegiert in ihren Dramen eindeutig das *Wie* gegenüber dem *Was*. Vergleichsweise nebensächlich ist die situations-spezifische Frage, ob die Protagonistin das Zusammenleben mit dem ehemals Geliebten trotz deutlicher Erinnerung an den letzten Versuch bzw. die letzte Versuchung wagen kann (oder will). Weit wichtiger ist die Tatsache, daß jedes Gespräch über die mögliche Gestaltung dieser erneuten Beziehung deutlichen Verhandlungs-charakter trägt; daß die Frauen sich dem Publikum als gleichbe-rechtigte Gesprächspartner präsentieren (auch wenn sie von ihrem männlichen Gegenüber auf der Bühne nicht immer so empfunden oder behandelt werden), und daß die für Frauen noch ungewohnte Entscheidungsfreiheit zunächst einmal die Frage aufwirft, welche neuen Illusionen und Abhängigkeiten sie in sich birgt. So wird die Liebesehe keineswegs, wie in der traditionellen Liebeskomödie, als Befreiung von der Zwangs- bzw. ‚Vernunft'-Ehe aus sozialen, ständischen oder finanziellen Gründen gesehen, sondern recht pragmatisch auf ihre Möglichkeiten, Grenzen und Fallen hin untersucht. Nicht nur potentielle männliche Partner werden hier auf Herz und Nieren getestet, sondern auch soziale Möglichkeiten und philosophische Modelle. Ausnahmslos wird in diesen Dramen ein neuer Diskurs geschaffen und erprobt, der dem neuvereinten Paar ein möglichst harmonisches Zusammenleben (oder auch eine möglichst harmonische Trennung) ermöglichen soll. Gerade weil dieser Diskurs als einer gedacht ist, der für beide Parteien gleichermaßen gilt, muß er immer wieder auf Privatebene neu verhandelt werden. Schon allein in dieser Notwendigkeit drückt sich aus — und dies ist m. E. das kritische Element dieser keineswegs harmlosen kleinen ‚Szenen' bzw. ‚Novellen' — daß das Ergebnis dieser Privatverhandlung in den meisten Fällen dem zeitgenössischen gesellschaftlichen Diskurs völlig zuwiderläuft.

Daraus ergibt sich fast zwangsläufig, daß sich diese Einakter mit den alten Diskursen beschäftigen, mit den Modellen also, die bei der Aufgabe, beide Parteien gleichermaßen zu berücksichtigen, versagt haben. *Ohne Liebe* ist eine dramatische Aufarbeitung zweier Neuentwicklungen, die fast automatisch in Zusammenhang miteinander gebracht werden: die neue Freiheit der Partnerwahl — auch für die Frau — und die Liebesheirat als Alternative zur ständisch-finanziellen ‚Vernunftehe’. Zunächst einmal ist festzuhalten, daß es Emma völlig freigestellt ist, zu heiraten oder es bleiben zu lassen. Bereits die erste Szene, in der ihre Großmutter sie verschwenderisch mit kostbaren Geburtstagsgeschenken überhäuft, verdeutlicht, daß dies keine verarmte Adelsfamilie ist, die sich durch Verbindung mit einem reichen Ehekandidaten finanziell wieder flott machen muß. Und die gütige Großmutter, die Emma in allem nachgibt, ist offensichtlich weder gewillt noch imstande, Emma zu einer Ehe mit Rüdiger, die sie doch so sehr herbeiwünscht, zu zwingen oder zu überreden.

Frei von finanziellen und familiären Zwängen steht Emma vor der Wahl zwischen der ‚Liebesheirat’ mit Rüdiger oder der kameradschaftlichen Verbindung mit ihrer Jugendliebe Marko. Die Figur Rüdiger vertritt hier *beide* traditionellen Ehekonzepte, die der Darstellung des Dramas zufolge versagt haben. Für die Großmutter ist er geradezu der quintessentielle Vertreter der Vernunftehe und die Antwort auf ihre Gebete, ihr Enkelkind unter dem „Schutz und Schirm" eines gesellschaftlich anerkannten Mannes zu wissen. Emma gegenüber präsentiert er sich als Heiratskandidat aus Liebe. Mit diesem Konzept erpreßt er Emma ebenso, wie Marko einst von seiner ihn ebenfalls liebenden Ehefrau erpreßt wurde. Rüdiger geht wie selbstverständlich davon aus, daß Emma geradezu verpflichtet sei, seine Gefühle zu erwidern, und daß dazu nichts nötig sei als etwas guter Wille. Andernfalls habe sie sich in Schuldgefühlen zu zerfleischen: „nicht herauskommen aus der Hölle der Gewissensqualen" ist, wie Emma ironisch anmerkt, das absolute Gefühlsminimum, das er als verschmähter Anwärter auf ihr Herz von ihr glaubt erwarten zu können. Auf Emmas Weigerung, sich gebrochenen Herzens in ein Kloster zurückzuziehen, wirft Rüdiger ihr Frigidität — die Unfähigkeit zu lieben — vor. Zu Rüdigers Taktik gehört nicht nur die Negierung von Emmas Gefühlen, sondern auch ihre Abqualifizierung: wenn er liebt, dann treu und aufrichtig; wenn sie liebt, handelt es sich um eine kindische

Schwärmerei ins Blaue hinein. Hinter dieser emotionalen Erpressung verbirgt sich das Wissen, daß eine von der Frau ungewollte Eheschließung in Abwesenheit äußerlicher Zwänge nur noch durch *Verinnerlichung* dieser Zwänge herbeigeführt werden kann. Wie eine solchermaßen zustandegekommene ‚Liebesehe' aussähe, stellt Emma in ihrer Aufzählung der weihrauchfaßschwingenden Rüdiger-Anbeterinnen dar: hinter dem Angebot ‚Liebe' verbirgt sich nichts als die Forderung nach lebenslanger Unterwerfung des weiblichen Partners.

Der Titel des Dramas erklärt sich am offensichtlichsten aus Emmas entschiedener Ablehnung einer solchen Liebe. Das bedeutet jedoch keineswegs die Ablehnung der Liebe an sich. Wenn die Verbindung zwischen Marko und Emma als rein ‚kameradschaftliche' gelesen wird — knapp an der Vernunftehe vorbei, auf freiwilliger Basis, und eben ohne Liebe — wird der Titel m. E. zu wörtlich genommen.[45] *Ohne Liebe* stellt nicht die Liebe an den Pranger, sondern den durch den Liebesdiskurs bemäntelten Liebesmißbrauch bzw. Menschenmißbrauch. Solange Liebe als Verhältnis unter Ungleichen verstanden wird, ergeben sich daraus tyrannische Beziehungen. Emmas Erpressung durch Rüdiger, Markos Erpressung durch seine Frau, Elises schmachtende Anspielungen, Klein-Dorchens tyrannische Herrschaft über die Hausgemeinschaft, auch die ungleiche Liebe zwischen Rüdiger und seinem weiblichen Anhang gehören in diese Kategorie. Wenn dagegen Marko, der offensichtlich mit seiner Tochter nicht fertig wird, die Angst äußert, die Gräfin würde das Kind völlig verziehen, ist die Zuschauerin zur Differenzierung aufgefordert. Einerseits ist Markos Besorgnis angesichts der großmütterlichen Verhätschelung des Kindes auf der Bühne durchaus nachvollziehbar. Andererseits steht fest, daß das Konzept „ohne Liebe" für ein Kind unmöglich gelten kann. Das Kind braucht, wie die Gräfin richtig diagnostiziert, „eine liebreiche Umgebung"; zudem hat die Zuschauerin ja auch ein äußerst gelungenes Resultat der Erziehung eben dieser Gräfin vor Augen: die selbstbewußte, souveräne, intelligente, umsichtige Emma, die vorgibt, von ihrer Großmutter ebenso verwöhnt und verzogen worden zu sein wie Rüdiger von seinem Harem und Klein-Dorchen von Bonne und Papa. Der Unterschied besteht darin, daß Liebe sich bewußt bleibt, daß ihr

---

[45] Z. B. bei Tanzer 223.

Gegenstand ein eigenständiger und unabhängiger Mensch ist oder werden wird. Nur dadurch ist erklärbar, daß selbst dem dreijährigen Dorchen schon ein eigener „Wille" zugestanden wird. Wahre Liebe ist der Darstellung des Dramas zufolge nur unter Gleichen möglich: Emma z. B. bietet ihrer Großmutter auf der Bühne mehrfach Paroli und tut es ebenso entschieden wie liebevoll.

Die Bedingungen, die Emma schließlich an ihre Beziehung mit Marko stellt, laufen letztendlich auf die Gleichheit hinaus, die eine wahre Liebe erst ermöglicht. Ihr Wunsch, seine „gleichgestellte Lebensgefährtin" zu sein, ist innerhalb des Liebesdiskurses, der auf der Unterwerfung des ‚schwächeren' Teiles — der Frau oder des Kindes — basiert, schlicht undenkbar. So kommt es, daß hier von unüberwindlicher Sympathie die Rede ist, von Kameradschaft, Freundschaft und Vertrauen — Gleichheitskonzepte, die im Freundschaftsdiskurs des achtzehnten Jahrhunderts ausschließlich Männern vorbehalten waren[46] und nun kurzerhand auf die Ehe übertragen werden. Vorbelastete Worte wie Liebe oder Glück werden tunlichst vermieden. Für Marko ist der Moment der Entscheidung der „segenbringendste" Augenblick seines Lebens; rührselige Ausbrüche wie „Geliebte!" werden durch das gesetztere „Vertraute! Freundin! Getreue!" ersetzt. Das am Ende der Liebeskomödie traditionelle Einander-in-die-Arme-Stürzen, der leidenschaftlich ausgerufene Name, der eine Welt von Gefühlen birgt, der stürmische Handkuß gehen, wie zuvor Rüdigers Blumenstrauß, nicht an Emma, sondern an die Großmutter. Wo Emotionen nicht zur Unterdrückung oder Erpressung anderer dienen, dürfen sie unbedenklich gelebt werden. Ob das, was Marko und Emma füreinander empfinden, als Liebe zu bezeichnen ist, ist angesichts ihrer gemeinsamen Entscheidung, sich als Gleich-berechtigte zu begreifen und zu verhalten, nebensächlich. Der neue Diskurs, den sie gemeinsam entwickeln, stellt eine Mischung aus dem Freundschaftsdiskurs des achtzehnten Jahrhunderts und dem Geschäftsvertrag der Moderne dar und ermöglicht beiden die Weigerung, den anderen im Namen der Liebe auszunutzen. Was hier abgelehnt wird, ist nicht die Liebe, sondern auf literarischer Ebene die lächerliche Übersteigerung des Liebesdiskurses und auf

---

[46] Vgl. u. a. Mauser, Mauser/Becker-Cantarino, Joachim Pfeiffer und Kord, "Eternal Love."

sozialer Ebene die im Liebesdiskurs implizite Forderung blinder Unterwerfung an den weiblichen Partner.

In *Es wandelt niemand ungestraft unter Palmen* steht der Diskurs von der Schicksalhaftigkeit der großen Liebe im Gegensatz zu der Vernunftehe, die Leonore bereits durchlebt hat. Das Stück bewegt sich zwischen hoher Tragödie und Posse. Zwanzig Jahre vor Beginn des Dramas entsagte Fleury edelmütig seiner großen Liebe Leonore und ging nach Afrika. Von dort kehrt er als gefeierter Kriegsheld zurück, der auf dem Schlachtfeld und auch in Liebesdingen, wie er in der ersten Szene verkündet, allen Gefahren stolz die Brust bietet. Seine stürmischen Handküsse, seine melodramatischen Stoßseufzer im Stile des „Glück — töte mich nicht", sind eindeutig das Zeug der *haute tragédie*. Gleichzeitig jedoch ist Fleury von Anfang an unverkennbar eine lächerliche Figur. Als die Gefahr in Form von Leonore naht, muß er sich an Stuhllehnen festhalten, die unter ihm einknicken.

Das Wiedersehen von Fleury und Leonore bietet ihr nach zwanzigjähriger Vernunftehe, zu der ihre Eltern sie zwangen und in der sie nach eigener Aussage „nicht unglücklich" gelebt hat, nun endlich die Möglichkeit des großen Glücks *qua* Liebesheirat. Die schicksalhafte große Liebe entpuppt sich jedoch schnell als Illusion, auf der keine Gemeinsamkeit aufgebaut werden kann: ebenso wie er sie zum Engel stilisiert, idealisiert sie sein uniformiertes Heldentum. Fleurys Aussage, daß ihre Blindheit seine einzige Hoffnung sei, ist im Bezug auf die Überlebenschancen dieser Liebe mehr als aussagekräftig. Das unüberwindliche Hindernis dieser schicksalhaften Liebe ist von einer nicht zu überbietenden Banalität. Nach Jahrzehnten sehnsüchtig durchlittener Trennung erörtern die ehedem verzweifelt Liebenden ihre tragische Liebesgeschichte und haben dabei nichts im Sinn als die Zimmertemperatur. Dabei ist das Klima als Ehehindernis leicht lesbar als Anspielung auf die Inkompatibilität der Charaktere. Fleury ist ein Hitzkopf, Leonore eine kaltblütige, besonnene Frau, die gern Heldengeschichten liest, es jedoch in der unmittelbaren Gegenwart des leibhaftigen, prahlenden, säbelrasselnden Helden ebensowenig aushält wie er in der Nähe seines angebeteten Engels. Die Verhandlungen brechen an dem Punkt ab, an dem feststeht, daß aufgrund unüberwindlicher Differenzen kein gemeinsamer Verhandlungsort gefunden werden kann. Ähnlich wie in *Ohne Liebe* ermöglicht die Aufrechterhaltung eines Diskurses, der eine völlig andere Realität verbirgt, eine von *beiden* Parteien gewollte Entscheidung. So wie Marko und Emma scheinbar „ohne Liebe" heiraten, trennt man sich hier „nur scheinbar" — bis zum Wiedersehen in einer besseren Welt.

In *Genesen* verhandelt Klara mit zwei Partnern, dem stürmischen Liebhaber Oswald und ihrem von Minderwertigkeitskomplexen geplagten Ehemann Robert. Beide Männer haben sich in einen poetischen Diskurs verbissen: den Diskurs des unwiderstehlich und schicksalhaft Liebenden (Oswald) und den des edelmütig Entsagenden (Robert). Beide Männer haben überdies gemeinsam, daß sie Klara nicht zuhören, sie über ihre Gefühle aufklären, sie wie ein Kind behandeln (Klara muß Robert mehrfach daran erinnern, daß sie seine Frau ist), und sich anmaßen, ihr weiteres Handeln vorhersagen zu können. Im Laufe des Dramas wird deutlich, daß es beiden weniger um Klaras Glück geht als um eine geradezu literarische Selbststilisierung. Robert bezeichnet sich an einer Stelle als Spätgeborener, als Entsagender, der in der modernen Gegenwart völlig deplaziert ist, und beschwört als Inbegriff seiner Haltung den „edlen Brackenburg", der in Goethes Drama *Egmont* Klärchen liebt und seiner Liebe zugunsten des ‚Größeren' (Egmont) entsagt. Am Ende des Dramas scheint Roberts Glück darüber, daß er Klara nicht an Oswald verloren hat, fast aufgewogen von dem „verbissenen Ingrimm" über die Tatsache, daß er seine Lieblingsrolle als Brackenburg nun nicht spielen kann: „Da hast dus. Ich bin doch kein entsagender Mann — da hast dus nun."

Klaras Name ist eine offensichtliche und zweifache Anspielung, zum einen über die Namensgleichheit mit Klärchen in *Egmont* ein Hinweis auf den ins Literarische stilisierten Entsagungsdiskurs, zum anderen natürlich auch eine Bezeichnung der aufgeklärten Figur, deren Aufgabe es ist, beide Männer von ihren poetischen Höhenflügen auf den Boden der Tatsachen zurückzuholen. Das tut sie in ihren Verhandlungen mit beiden vor allem durch eine Ironie, die beide Gesprächspartner zwar regelmäßig überhören, die dafür aber im Zuschauerraum um so deutlicher ankommt. Als Klar-Denkende nimmt sie Abschied von ihren eigenen Illusionen in Bezug auf Oswald und weigert sich, sich von ihm überrumpeln zu lassen. Ihre wichtigste Funktion im Drama ist jedoch sicherlich die Verhandlung eines neuen Diskurses mit Robert. Paul Heyse, dessen Stück *Der Stegreiftrunk* die Inspiration für Ebners Drama darstellte, bezog in einem Brief an Ebner den Titel *Genesen* auf Klaras Heilung von ihren Illusionen im Bezug auf Oswald, und

Ebner widersprach nicht.[47] Noch einsichtiger jedoch erschiene mir die Möglichkeit, den Titel auf Robert zu beziehen: aufgrund seiner Verhandlungen mit Klara ist Robert eindeutig von seinen Minderwertigkeitskomplexen Oswald gegenüber genesen. Robert übernimmt nach Oswalds Abgang sogar einen Teil seiner Rolle; im letzten Kuß auf der Bühne entwickelt er sich vom edel Entsagenden zum leidenschaftlichen Liebhaber und bringt so neuen Schwung in eine Ehe, die er zuvor als „matte ... fade Episode" bezeichnet hatte. Und so wird aus der letzten Chance für Klara und Oswald die für Klara und ihren Mann: auch ihre Ehe ist „genesen"; am Ende des Dramas ist zwischen ihnen wieder alles „wie einst."

Wie in *Es wandelt niemand ungestraft unter Palmen* stehen sich in *Am Ende* zwei völlig gegensätzliche Charaktere gegenüber. Klothilde ist mit sechzig eine gebrechliche alte Dame mit schlohweißem Haar und Hornbrille, die sich aufgrund ihrer Sehschwäche ihre Zeitungen vorlesen lassen muß. Ihrem Ehemaligen Erwein fällt der Unterschied sofort auf: im Vergleich zu der Frau, die er vor Jahrzehnten verlassen hat, findet er nun „eine Greisin" vor. Er dagegen steht geschniegelt, geschminkt und mit gefärbten Haaren vor ihr und erscheint ihr tatsächlich — bis sie die deutlichen Anzeichen von Gicht und Schwerhörigkeit wahrnimmt — zunächst jünger als vor sechsundzwanzig Jahren. Jugend und Alter bilden daher indirekt den zentralen Verhandlungsgegenstand ihres Gespräches; beide interpretieren die Jugend als eine Zeit, in der man ruhelos die Welt durchstiefelt und das Alter als eine Zeit, in der man sich gemütlich in Pantoffeln hinter den Ofen setzt. Während Klothilde die Annehmlichkeiten des Alters bewußt genießt, versagt Erwein sich jede Bequemlichkeit: er hat das Stiefeln reichlich satt, will aber nicht zugeben, daß auch für ihn die Pantoffelzeit angebrochen ist.

In Klothildes Verhandlungen mit Erwein geht es zunächst mehr um den behutsamen Versuch, ihm den Aufenthalt bequemer zu machen, ohne seine Eitelkeit zu verletzen, als um eine mögliche Wiederaufnahme ihrer Beziehung. Diese Möglichkeit wird zunächst nur negativ angesprochen, in dem deutlichen Bewußtsein beider, daß die Kinder unter der Trennung der Eltern leiden. Demgegenüber erhalten die Eltern stur einen widersinnigen Diskurs aufrecht, in dem sie verbal immer wieder neu bestreiten,

---

[47] Heyse an Ebner-Eschenbach, Gründonnerstag 1903; Ebner-Eschenbach an Heyse, Karfreitag 1903; beide zit. in Alkemade 389-93.

daß sie überhaupt etwas gemeinsam haben. Gerade der wichtigste Aspekt, der sie verbindet, die gemeinsamen Kinder und Enkelkinder, wird hier radikal negiert. Auf diese Weise kommen so absurde Dialoge zustande wie der folgende: „*Erwein.* Meine Enkel sind allerliebst. — *Klothilde.* Die meinen auch." Am Ende ist es eben doch eine dieser Gemeinsamkeiten, ihre Tochter, die den Anstoß zu einer Wiederannäherung bietet.

Zentral jedoch bleibt die Fähigkeit beider, die alte Beziehung neu zu bestimmen, sich gemeinsam zu entscheiden, wie weit die Lawine rollen soll. Am Ende ist es auch hier, ähnlich wie in *Ohne Liebe* oder *Es wandelt niemand ungestraft unter Palmen*, möglich, eine neue Gemeinsamkeit zu verhandeln, dabei aber pro forma den alten Diskurs beizubehalten (wie z. B. in Erweins Bitte an Klothilde, ihn und *seine* Kinder zu besuchen). Wie so oft bei Ebner besteht auch hier ein unaufgelöster Widerspruch zwischen Diskurs und Handlung: lange bevor die verbalen Verhandlungen bei demselben Ergebnis anlangen, steht fest, daß Erwein bei Klothilde zuhause ist. Denn wo sonst als zuhause streckt man, wie Erwein es letztendlich doch tut, behaglich eingemummelt in Pantoffeln und Schlafrock alle Viere von sich? Und wo sonst als zuhause, bei wem sonst als der eigenen Frau, kann man es sich leisten, daß einem die falsche Haarfarbe auf dem Gesicht zerläuft?

Ähnlich wie *Ohne Liebe* oder *Genesen* verbirgt sich hinter dem Titel eine Doppelbedeutung. „Am Ende" bedeutet zunächst einmal nichts weiter als „letztendlich", im Sinne von Klothildes langgehegter Hoffnung: „Am Ende finden wir uns doch wieder zusammen". Ebenso offensichtlich geht es hier auch um das herannahende Lebensende und den Umgang mit dem Wissen um den eigenen Tod. Erwein läuft vor dem Alter davon; Klothilde wartet es nicht ab, sondern geht entschlossen darauf zu. Bei beiden zeigt sich darin eine prinzipiell unterschiedliche Haltung zur Zeit. Erwein versucht verzweifelt, die Vergangenheit zurückzuholen und „durchbraust" so seine Gegenwart. Klothilde dagegen genießt ihre Gegenwart, erinnert sich der Vergangenheit mit Wehmut und Zufriedenheit, aber ohne Sehnsucht, und — und hierin liegt der signifikanteste Unterschied zwischen ihr und Erwein — sie kann sich noch eine Zukunft vorstellen. Die Tatsache, daß Erwein das nicht mehr kann, zeigt deutlich, wo er angelangt ist, als er zu Beginn des Dramas Klothildes Salon betritt: er ist im eigentlichsten Sinne des Wortes am Ende. Erweins letzte Chance für eine wie immer geartetete Zukunft bietet sich ihm erst, als er fähig wird, seine Hilflosigkeit zuzugeben: „Was tun? Was tun?" Und weil

Klothildes Zeitverständnis nicht nur Vergangenheit und Gegenwart, sondern auch die Zukunft einschließt, weiß sie die Antwort und kann ihm die Entscheidung abnehmen.

Ebners Einakter behandeln indirekt den Zusammenhang zwischen dem ‚Privat'-Verhältnis von Mann und Frau und den gesellschaftlichen oder auch literarischen Diskursen, die dieses Verhältnis bestimmen. In den hier vorliegenden Dramen räumt sie mit einigen dieser Diskurse gründlich auf, darunter Liebe als Verhältnis unter Ungleichen (*Ohne Liebe*), Liebe als Entsagung (*Genesen*), Liebe als Schicksalsmacht (*Es wandelt niemand ungestraft unter Palmen*) oder auch der Vorstellung, daß Liebe im Alter vorbei zu sein hat (*Am Ende*). In allen Dramen geht es um die Zerstörung von Illusionen und um die Frage, ob es möglich ist, entgegen der herrschenden gesellschaftlichen oder literarischen Diskurse eine Privatbeziehung auszuhandeln, in der beide Partner leben können. Daß auch dieses neue Verhältnis etablierten Gesellschaftsformen gegenüber nicht völlig autonom sein kann, drückt sich in allen Dramen durch die Diskrepanz zwischen Sagen und Tun aus. Deshalb können Emma und Marko nicht einfach zugeben, daß sie sich eben doch lieben, so wie Leonore und Fleury die Endgültigkeit der eigenen Trennung herunterspielen und Erwein nicht zugeben muß, daß er in einem Schlafrock steckt, solange es ein sehr weit geschnittener Uniformmantel ist.

Allen Dramen ist die Einsicht gemeinsam, daß das Zusammensein von Mann und Frau harte Arbeit ist und immer wieder neu verhandelt werden muß, in einem möglichst fairen Diskurs. Und allen Dramen liegt die Vorstellung zugrunde, daß diese Fairneß in bestehenden gesellschaftlichen Modellen, von den Zwängen der Vernunftehe bis zu den überspannten Erwartungen an die Liebesheirat, gerade für Frauen nicht gewährleistet ist. Schon allein die Tatsache, daß alle diese Beziehungen beim letzten Versuch gescheitert sind, dokumentiert das Versagen der gesellschaftlichen Modelle, die das zwischengeschlechtliche Zusammenleben regeln, und der literarischen Vorstellungen, die es idealisieren. Angesichts dieses Versagens erfolgt in den Dramen die Verhandlung um die Frage, inwieweit man das eigene Verhältnis von sozialen oder literarischen Diskursen bestimmen lassen will, gefolgt von der gemeinsamen Ausarbeitung einer neuen, stabileren Basis für das gemeinsame Mit- oder auch Ohneeinander. In dieser Verhandlungsbereitschaft liegt für die Liebespaare dieser Dramen ihre letzte Chance.

OHNE LIEBE.

DIALOGISIERTE NOVELLE (1898)

Eine Vernunftehe schließen, heißt in den meisten Fällen, alle seine Vernunft zusammenzunehmen, um die wahnsinnigste Handlung zu begehen, die ein Mensch begehen kann.

(Marie von Ebner-Eschenbach, *Aphorismen* 15)

Ohne Liebe

Dialogisierte Novelle

Ein Salon im Palais der Gräfin Laßwitz in Wien. Die Einrichtung ist im Zopfstil gehalten, die Wände sind mit blauem Brokat überzogen. Eine hohe Mitteltür führt in ein Eingangszimmer, eine Tür links in die Wohnzimmer der Gräfin, eine Tür rechts in die ihrer Enkelin, Gräfin Emma Laßwitz. Im Vordergrund rechts steht ein kleines Kanapee, davor ein Arbeitstisch und ein Sessel. Gegen den Hintergrund links an der Wand ein großes Etablissement. Auf dem Kanapee, den Fauteuils, den Sesseln ist eine reiche Bescherung an Toilettegegenständen, Kleidern, Hüten usw. ausgelegt. Gräfin Laßwitz beschäftigt sich mit dem Ordnen der Blumenspenden, Schmucksachen, Albums und Bücher, welche den Tisch bedecken. Emma, in einfachem, dunklem Morgenanzug, tritt ein. Sie ist schön und anmutig, sehr ruhig in ihren Bewegungen und in ihrer Sprechweise. Seelenfrieden, innere Klarheit drücken sich in ihrem Wesen aus.

GRÄFIN. Dein Geburtstag, liebes Kind, wir gratulieren.

EMMA *(küßt ihr beide Hände).* Dank und aber Dank! *(Die Geschenke betrachtend.)* Alles wunderbar. Ja, das bist Du; eine solche Wahl triffst nur Du… Wie dir das alles ähnlich sieht. Meiner Treu! … wenn ich diesen Reithut auf dem Kopf der Kaiserin von China sähe, riefe ich aus: den hat Ihnen, Majestät, meine Großmutter geschenkt! *(Umarmt die Gräfin.)*

GRÄFIN. Ach — geh!

EMMA. Und von wem die Blumen?

GRÄFIN. Diese von Berg.

EMMA. Der gute Alte!

GRÄFIN. Die von Tal.

EMMA. Freuen mich nicht.

GRÄFIN. Die von Hügel.

EMMA. Da hätten wir ja die Landschaft beisammen. Kein Achenbach, leider. *(Sie nimmt ein Schmuckkästchen vom Tisch.)* Diamanten… leichtsinnige Großmutter, nun gar Diamanten… die darf ich ja nicht tragen, ich alte Jungfer.

GRÄFIN. So warten wir, bis aus der alten Jungfer eine junge Frau wird.

EMMA. Pst! heute spricht man nicht von unangenehmen Dingen — nur von Dir, von Deiner Großmut. *(Sie mustert die Geschenke von neuem.)* — Es ist wirklich und wahrhaftig zu viel.

GRÄFIN. Ich habe für drei zu geben, vergiß das nicht.

EMMA. Wie sollt ich? Du hast mir nie etwas Gutes getan, ohne zu sagen: im Namen deiner armen verstorbenen Eltern. *(Sie führt die Gräfin zu dem Kanapee im Vordergrund, nimmt auf dem Sessel Platz, ergreift beide Hände der Gräfin.)* Verzogen aber hast du mich in deinem eigenen Namen.

GRÄFIN. Verzogen?

EMMA. Du hast mir das Leben zu angenehm gemacht, zu schön, zu leicht… Großmutter, sag einmal: wie alt war ich, als mir mein Vater starb und bald darauf meine Mutter? Drei Jahre — nicht?

GRÄFIN. Ungefähr.

EMMA. So bin ich nun seit einundzwanzig Jahren bei dir. Sie sind mir vergangen wie ein Tag, aber was nützt das? Auch wenn man unvermerkt alt geworden, alt ist man doch.

GRÄFIN. Mit vierundzwanzig?

EMMA. Als ich sechzehn war und Damen in meinen jetzigen Jahren auf den Bällen herumhüpfen sah, dachte ich: was wollen denn diese alten Schachteln, wollen sie sich vielleicht einen Mann ertanzen? …

GRÄFIN. Das hast du nicht notwendig. Die Bewerber kommen uns ins Haus.

EMMA. Gott weiß es. Was für Menschen!

GRÄFIN. Nun, nun, Rüdiger befindet sich unter ihnen, und der liebt dich, nicht dein Geld.

EMMA. Möglich, weil er selbst genug hat. Aber Großmutter, er ist ein Familiengötze.

GRÄFIN *(ungeduldig)*. Das sagst du immer; was meinst du eigentlich damit?

EMMA. Was soll ich anders meinen als einen Menschen, mit dem seine Verwandten Abgötterei treiben?

GRÄFIN *(wie oben)*. Sie tun es, weil er es verdient.

EMMA. Niemand verdient Abgötterei, am wenigsten derjenige, der sie duldet.

GRÄFIN. Woher hast du diese Phrase?

EMMA *(drückt den Zeigefinger an die Stirn)*. Ich hab's daher, und deshalb ist es keine Phrase. Denk einmal darüber nach – wodurch hat sich Rüdiger die Anbetung seiner Familie zugezogen? Durch eitel negative Tugenden. Er hat nie Schulden, nie einen Rausch, nie ein Duell gehabt. Er bringt seine Tage im Bureau und zwei Abende in der Woche bei seiner Mutter zu, umgeben von Tanten und Schwestern und Basen, und die Damen alle schwingen Weihrauchfässer. Ach, der einzige Sohn, Neffe, Bruder, Vetter! Ach, der einzige überhaupt! Wo gibt es noch seinesgleichen? ach, und wo weilt sie, die Glückliche, die er erwählen und einführen wird in den Kreis seiner Priesterinnen, damit auch sie das Weihrauchfaß ergreife und…

GRÄFIN. Schweige! – Einen vortrefflichen Menschen verspotten hören ist mir überhaupt unangenehm; von dir aber tut es mir weh. Er liebt dich mit beispielloser Treue, obwohl *(faßt sie scharf ins Auge)*, wenigstens scheinbar, unerwidert.

EMMA *(nach einer Pause, sehr ernst)*. Auch ich habe jahrelang so geliebt und bin mit dieser Liebe fertig geworden. Er soll mir's nachmachen!

GRÄFIN. Kind, überlege, bevor du diesen Mann abweisest. Überlege, was das ist, unter dem Schutz und Schirm eines solchen Mannes zu stehen.

EMMA. Gute Großmutter, ein Götze ist niemandem ein Schirm, der braucht selbst Schirme... *(Gräfin will sprechen, sie kommt ihr zuvor.)* Laß mich eine alte Jungfer bleiben; wie soll ich heiraten? — Ich kann ja nicht mehr lieben. Marko war für mich der Inbegriff aller männlichen Vollkommenheiten und Unvollkommenheiten, er hatte alle Vorzüge, die ich bewundere, alle Fehler, die mir verzeihlich scheinen. Wir sind als Nachbarskinder aufgewachsen, und schon meine Wärterin hatte mir gesagt: der Graf Marko ist Ihr zukünftiger Bräutigam. Dergleichen merkt man sich, und so liebte ich ihn denn wie einen Bräutigam. Er hingegen liebte mich, wie man eine Schwester liebt, und heiratete meine Freundin.

GRÄFIN. Die er recht unglücklich gemacht hat.

EMMA. Oder sie ihn — wer weiß es? *(Nach einer langen Pause.)* Nun ist er Witwer seit drei Jahren.

GRÄFIN. Jawohl, und vergräbt sich in Kroatien auf dem Gute seiner Verstorbenen und überläßt die Verwaltung seines schönen Waldsee den Beamten, die dort wirtschaften, daß es ein Graus und schlechtes Beispiel ist für die ganze Nachbarschaft. Ich halte es, weiß Gott, für unrecht zu verpachten: Hast du den Genuß, habe die Plage. — Aber die Waldseer Anarchie an der Grenze könnte sogar mich verleiten, ein Unrecht zu tun. Das hätte dann dieser Herr Marko auf dem Gewissen.

EMMA. Wie bös du ihm bist! beinahe noch so böse wie in jener Zeit, da ich ihn liebte und *(lachend)* unendlich unglücklich war.

GRÄFIN. Du hast jetzt gut lachen; in deinen Backfischjahren hast du mich oft genug nervös gemacht mit deinem Hirngespinst von einer Liebe, die von ihrem Gegenstand nicht einmal zur Kenntnis genommen wurde. Viel Torheit habe ich kennen gelernt, eine so große, wie diese Liebe, nicht. Gott sei dank, starb die unirdische endlich doch eines irdischen Todes — sie verhungerte. Ohne jede Nahrung kann sogar die geistigste

Liebe nicht leben. Aber, mein Kind, ganz geheilt von der einzigen Krankheit, welche dich jemals heimgesucht, wirst du dann erst sein, wenn du den Entschluß fassest —

EMMA *(legt beide Hände um den Hals der Gräfin, sieht ihr in die Augen)*. Die Frau Rüdigers zu werden. Er ist einmal dein Liebling, dieser Verführer aller Großmütter.

GRÄFIN *(sucht sich vergeblich von ihr loszumachen)*. Laß doch.

EMMA. Nein, du mußt die Wahrheit hören. Ihr seid im Irrtum, wenn Ihr meint, Eure Schwachheit verbergen zu können. Man sieht Eure Augen leuchten, so oft der Name Rüdiger ausgesprochen wird.

GRÄFIN *(wie oben)*. Närrin! Närrin!

EMMA *(umarmt sie und läßt sie los)*. Verzeih! Auch ich werde einmal sechzig, und dann wird es mir ergehen, wie Euch. Wenn ich das bedenke, bin ich imstande und nehme ihn; man muß für seine alten Tage sorgen.

DIENER *(meldend)*. Graf Rüdiger.

GRÄFIN. Da siehst du nun. *(Rückt die Haube zurecht. Zum Diener.)* Sehr angenehm. *(Diener ab.)*

EMMA *(seufzt)*. Ach Gott! *(Steht auf, geht zum Tische und macht sich mit den Geschenken zu tun.)*

GRÄFIN. Emma, wenn er sich heute erklärte?

EMMA. Geschähe es zum drittenmal. Wir werden doch unsere Fassung bewahren bei einem nicht mehr ungewöhnlichen Ereignis.

Hermann Rüdiger, ein Bukett in der Hand, tritt ein. Er ist fünfunddreißig Jahre alt, mittelgroß, blond, fett, sorgfältig gekleidet, hat ein hübsches Gesicht, trägt einen Vollbart, wiegt sich beim Gehen ein wenig in den Hüften. Sein Wesen drückt Selbstvertrauen aus, ist aber nicht frei von einiger Befangenheit; es verdirbt ihm die Laune, sobald ihm diese zum Bewußtsein kommt. Er verneigt sich vor beiden Damen und ist im Begriff, auf Emma zuzugehen. Sie bleibt regungslos und lächelnd am Tische stehen. Er, allmählich die Haltung verlierend, hemmt den Schritt.

GRÄFIN. Grüß Gott, mein lieber Rüdiger.

RÜDIGER. Frau Gräfin. *(Nach kurzer Überlegung wendet er sich, geht auf sie zu und überreicht ihr den Blumenstrauß.)* Erlauben Sie mir, Ihnen meinen Glückwunsch zum Geburtstage Ihrer Enkelin darzubringen.

GRÄFIN. Mir? O, ich bin sehr überrascht und nehme ihn freudig an.

EMMA. Bravo, Graf Rüdiger, das haben Sie gut gemacht. *(Geht auf ihn zu und bietet ihm die Hand. Er, nach einigem Zögern, reicht ihr zwei Finger, die er schnell zurückzieht.)* Ich freue mich jetzt schon auf den Geburtstag meiner Großmutter, da bekomme ich ein Bukett. *(Gräfin ist aufgestanden, stellt die Blumen in eine Vase und bleibt während der nächstfolgenden Reden im Hintergrund.)*

RÜDIGER *(verstimmt).* Sie loben mich — ein Glück, das mir selten widerfährt.

EMMA. Wie Sie das sagen, wie vorwurfsvoll! als hätte ich eine heilige Pflicht versäumt.

RÜDIGER. Von Pflicht ist nicht die Rede, ich glaube nur auf mehr Rücksicht Anspruch machen zu sollen, als ich von Ihnen erfahre. Ein andrer Mann…

EMMA. Lieber Graf, ich bin heute ausnehmend friedlich gestimmt und bereit, jedes begangene Unrecht einzusehen, noch mehr: es zu bekennen. *(Treuherzig.)* Mein Undank gegen Sie ist groß.

RÜDIGER. Jawohl.

GRÄFIN *(auf ihrem früheren Platz, hat eine Arbeit zur Hand genommen).* Jawohl.

EMMA *(sieht sie mißbilligend an).* Nicht Partei nehmen! *(Zu Rüdiger ernsthaft.)* Ich mache mir Ihretwegen manchmal Vorwürfe.

RÜDIGER *(ebenso).* Nur manchmal?

EMMA. Das ist Ihnen zu wenig? Nun, sehen Sie, nicht herauskommen aus der Hölle der Gewissensqualen, das wäre wieder mir zu viel. *(Sie lacht.)*

RÜDIGER. Ich würde gern mit Ihnen lachen, ich lache gern über gute Scherze, aber die Ihren *(er zuckt die Achseln).*

EMMA. Sind nicht gut. Verstehe ich mich aufs Gedankenerraten, was?

RÜDIGER *(sieht sie vorwurfsvoll an. Nach einer Pause).* Nein, so kann es nicht länger fortgehen. Wir müssen ein Ende machen, wir müssen uns endlich einmal aussprechen.

EMMA. Endlich einmal? Wir tun seit drei Jahren nichts anderes.

RÜDIGER. Und wo bleibt das Resultat? Wir wollen heute zu einem Resultat kommen.

EMMA. Wie wär's, wenn wir uns setzten?

GRÄFIN *(zu Rüdiger).* Hierher, mein lieber Freund. *(Weist ihm einen Platz an ihrer Seite an.)*

Gräfin rechts, Rüdiger links auf dem Kanapee, Emma ihnen gegenüber. Sie hat sich schräg auf den Sessel gesetzt und kreuzt die Arme über dessen Lehne.

EMMA. Da seid ihr schon wieder zwei gegen mich. Ist das schön von Ihnen, Graf Rüdiger, sich einer Claque zu versichern, bevor Sie Ihre Philippika gegen ein armes schwaches Weib eröffnen?

GRÄFIN. Hör endlich auf mit deinen unzeitigen Späßen.

EMMA. Gern, sie kommen mir ohnehin nicht vom Herzen.

RÜDIGER. Dann begreife ich nicht... Gräfin, ich würde einem Manne, wie ich bin, anders begegnen... Einem Manne, der mit solcher Treue, mit solcher Beständigkeit *(die Stimme versagt ihm).*

GRÄFIN *(legt die Hand auf seine Schulter).* Lieber Rüdiger...

EMMA *(zugleich)*. Lieber Graf, wenn Sie glauben, daß ich Sie nicht zu schätzen weiß, dann irren Sie.

RÜDIGER *(der sich wieder gesammelt hat)*. Nun, Gräfin, wenn ich jemanden zu schätzen wüßte, würde ich ihn nicht unglücklich machen, ich würde mich bemühen, seine Gefühle zu erwidern.

EMMA. Wer sagt Ihnen, daß ich nicht versucht habe, mich zu bemühen?

RÜDIGER. O dann fahren Sie fort — etwas guten Willen, und es wird gehen. Meine Mutter, meine Tanten, meine Schwestern wären glücklich...

GRÄFIN. Auch ich wäre es.

RÜDIGER. Auch Ihre Großmutter, auch sie — ach, wie glücklich wäre ich selbst, wenn ich meine Großmutter glücklich machen könnte.

EMMA *(lacht)*.

GRÄFIN. Emma! Emma!

RÜDIGER *(zugleich)*. Jetzt lacht sie wieder.

EMMA. Aber nein. *(Mit Entschluß.)* Sie sind ein gutmütiger Mensch, Graf Rüdiger, Sie sind auch treu, sind vernünftig, ich glaube, daß es sich mit Ihnen leben ließe...

RÜDIGER *(will aufspringen)*. Gräfin Emma!

GRÄFIN *(zugleich)*. O mein Kind!

EMMA. Bleiben Sie sitzen; ich bin noch nicht fertig: Leben ließe — vorausgesetzt, daß Sie sich einer Zumutung fügen würden...

RÜDIGER *(stutzt)*. Zumutung?

EMMA. Ja. — In der Bibel steht, der Mann soll Mutter, Tanten, Basen und Schwestern verlassen und dem Weibe nachfolgen.

RÜDIGER. Ich habe die Stelle anders zitieren gehört.

EMMA. Sie wird eben meistens falsch zitiert.

RÜDIGER *(nach langer Überlegung ängstlich)*. Sie fordern es, ich weiß nicht, was ich… das heißt ich würde so etwas nicht von mir verlangen, wenn aber Sie das Herz dazu haben — soll es geschehen.

GRÄFIN *(in hellem Entzücken)*. Rüdiger, Sie sind ein edler Mensch!

RÜDIGER *(einigermaßen betroffen)*. Wir werden uns jedenfalls noch darüber aussprechen.

EMMA. O weh!

GRÄFIN *(streng)*. Was sagst du?

EMMA. Ich frage Sie, Graf Rüdiger, wenn Sie sich entschlössen, mir zu Ehren auf den größten Reichtum an Liebe, den Sie besitzen, zu verzichten, was dann?

RÜDIGER. Dann würde ich auf Ersatz hoffen.

GRÄFIN. Sie würden ihn fordern dürfen.

EMMA. Ganz richtig. Es könnte aber sein, daß ich nicht imstande wäre, dieser Anforderung zu genügen.

RÜDIGER *(außer sich)*. Und Sie werden es nicht imstande sein. Welch ein Narr bin ich — ein anderer hätte längst — aber auch ich sehe es endlich ein: Sie sind unfähig zu lieben, sind eiskalt, und im Grunde muß man Sie bedauern.

GRÄFIN. Jawohl bedauern.

EMMA. Weil ich unfähig bin zu lieben? Das ist nicht der Fall. Unter allen Umständen müßte ich Ihnen ja das Geständnis machen — ich habe eine große Liebe in meinem Leben gehabt.

GRÄFIN *(räuspert sich)*.

RÜDIGER *(zu ihr, betroffen, tonlos)*. Jetzt hat sie auch eine große Liebe gehabt!

GRÄFIN *(zu Emma)*. Du bist lächerlich.

RÜDIGER. Ich bitte — ich muß um nähere Erklärung bitten.

EMMA *(herzlich).* Ich werde Ihnen jetzt weh tun, Graf Rüdiger, verzeihen Sie mir im voraus. *(Sie reicht ihm über den Tisch die Hand, er verweigert ihr die seine).* Soweit ich mich zurückerinnere, erinnere ich mich geliebt zu haben, innig, vertrauensselig, der Gegenliebe überzeugt. Diese meine Großmutter sagte oft zu mir: Welche Torheit, mein Kind, du setzest dir jemanden in den Kopf, der nicht an dich denkt. Trotz dieser Warnung...

RÜDIGER *(fällt ihr ins Wort).* Fahren Sie fort, ins Blaue hinein zu schwärmen — für Marko! ... Inkommodieren Sie sich nicht weiter. Von dieser Kinderei wußte ich und habe nur deshalb nie mit Ihnen darüber gesprochen, weil sie mir denn doch als ein von gar zu lange überwundener Standpunkt erschien.

EMMA. So?

RÜDIGER. Ja so! Und wenn das nicht der Fall wäre, mit Marko würde ich's aufnehmen — dem guten Marko!

GRÄFIN *(zuversichtlich).* Tun Sie's nur. Daß die Wahl zwischen ihm und Ihnen meiner Emma heut noch schwer würde, glaube ich nicht.

EMMA *(sieht ihr in die Augen).* Auch ich nicht.

RÜDIGER *(sie mißverstehend):* Jedenfalls haben Sie Gelegenheit, Vergleiche anzustellen; Marko ist hier.

EMMA *(mit Selbstbeherrschung).* Seit wann?

RÜDIGER. Seit gestern. Immer derselbe, immer noch im Prozeß mit seinem Onkel und ehemaligen Vormund. Sieht übrigens recht übel aus.

GRÄFIN. Die Trauer um seine Frau.

RÜDIGER. Oder die Vorwürfe, die ihm sein Gewissen ihretwegen macht, wenn ich annehmen soll, daß er eins hat.

DIENER *(meldet).* Graf Laßwitz.

GRÄFIN. Da haben wir's.

MARKO *(tritt ein. Er ist groß und schlank, etwas nachlässig in seinem Benehmen und in seiner Kleidung. Die Züge des gebräunten Gesichts sind unregelmäßig, die strengen blauen Augen von kräftigen Brauen überschattet. Schnurr- und Backenbart sind kurz gehalten, das dichte, leicht ergraute Haar, das inmitten der Stirn eine Spitze bildet, ist kurz geschoren. Er geht auf die Gräfin zu, küßt ihr die Hand).* Grüß Gott, Tante. Wie geht's?

GRÄFIN *(kühl)*. Ich danke dir, gut.

MARKO. Sie sehen auch gut aus, was mich freut. *(Wendet sich zu Emma.)* Und wie steht's mit dir, Cousine?

EMMA *(ruhig und freundlich)*. Gleichfalls gut — was dich gleichfalls freut.

MARKO. Von Herzen. *(Zu Rüdiger.)* Guten Tag Hermann.

RÜDIGER *(gespreizt)*. Habe die Ehre.

EMMA *(wie oben)*. Höre, Marko, das Vergnügen, zu erfahren, daß wir uns wohlbefinden, hättest du dir früher verschaffen können. Nimm Platz. *(Sie nähert sich dem Sessel, den sie früher eingenommen hat. Rüdiger will denselben für sie zurecht rücken, sie kommt ihm zuvor, ohne seine Absicht bemerkt zu haben. Tief verletzt kehrt er zum Kanapee zurück und setzt sich wieder neben die Gräfin.)*

MARKO *(vergebens nach einem unbesetzten Sessel suchend)*. Alles vergriffen. Was bedeutet diese Ausstellung? Ist denn heute? *(Schlägt sich vor die Stirn.)* Zwölfter Mai. Dein Geburtstag, Emma. Verzeih, ich hätte mich dessen erinnern sollen.

GRÄFIN. Warum denn auf einmal — da es in Jahren nicht geschah?

MARKO. In Jahren — ganz richtig. Aber, wenn ich auch nicht schrieb, ich erinnerte mich an jedem zwölften Mai, daß dieser Tag durch unsere ganze Jugendzeit der schönste im Jahre gewesen. *(Er befreit einen Fauteuil von den darauf liegenden Gegenständen und läßt sich neben dem großen Tisch nieder, auf den er den Ellbogen stützt.)*

EMMA *(wendet den Kopf nach ihm)*. Weißt du noch? Das waren Feste! Weißt du noch den Ball der Dorfkinder im Garten, bei dem ich immer sitzen blieb, weil meine Tänzer vom Büfett nicht wegzubringen waren?

MARKO. Ja, ja, und damals, wo ich an der Spitze eines Bauern-Banderiums in den Schloßhof geritten kam, und mein Pferd vor den Fahnen auf dem Balkon scheute und mich abwarf, angesichts der bestürzten Gäste und des lachenden Volkes.

EMMA. Und du auf einen Jagdhund fielst, der mit verzweiflungsvollem Geheul entfloh.

MARKO. Ich hegte Selbstmordgedanken nach dem Sturze — das Feuerwerk zerstreute sie.

EMMA. Mir machte das Feuerwerk immer das geringste Vergnügen, denn sobald es abgebrannt war, hieß es: das Fest ist aus, geh schlafen! ... Aber vom Morgen des dreizehnten an begann ich mich auf den nächsten zwölften Mai zu freuen.

MARKO *(zur Gräfin)*. Es ist merkwürdig, Tante; da sind wir so lange Zeit außer allem Verkehr gestanden — nun bin ich wieder bei Ihnen und mir ist, als hätte ich Sie gestern verlassen.

RÜDIGER. Merkwürdig.

GRÄFIN. In der Tat. Ich empfinde dir gegenüber anders. Lieber Marko, jemand, der seine ganze Kinder- und Jugendzeit hindurch in dem Hause einer entfernten Verwandten aufgenommen war wie ein Sohn...

MARKO *(durchdrungen)*. Ja, ja, das war ich.

GRÄFIN *(ohne sich unterbrechen zu lassen)*. Aus Teilnahme mit seinen unglücklichen Verhältnissen, denn seine Mutter war tot und sein Stiefvater und zugleich Vormund ein harter, ein — unredlicher Mann. Die Verwandte nahm das Herz des Jünglings in ihre Obhut, sie wollte nicht, daß es verbittere.

MARKO. In der Gefahr befand ich mich nie, weil nur die Schwachen verbittern.

RÜDIGER *(empfindlich)*. Wenn das eine Anzüglichkeit sein soll... wenn vielleicht ich gemeint bin.

EMMA *(lacht auf)*.

MARKO *(mit ehrlicher Verwunderung)*. Du, Hochgelobter? Stolz und Glück der Deinen, wirst dich doch nicht getroffen fühlen, wenn man von verbitterten Menschen spricht? *(Er steht auf und wendet sich an die Gräfin)*. Fahre fort, Tante, in deiner Anklage, die ja berechtigt ist und lautet: Ich, deine entfernte Verwandte, war zugleich die einzige, welche dir Wohlwollen zeigte; die einzige, welche dein Vertrauen besaß. Warum entzogst du es mir in dem Augenblick, in dem du dein eigenes Haus gegründet hast? Warum hörte ich seitdem nicht mehr von dir als jeder Fremde, dem du schicklichkeitshalber die Geburt einer Tochter und ein paar Jahre darauf den Tod deiner Frau anzeigtest? *(Nachdenklich.)* Ja, warum?...

GRÄFIN. Warum? — Sprich. Nun?

MARKO *(zögert)*.

EMMA. Lassen wir's bis später, bis...

RÜDIGER. Bis wir en famille sind, wollen Sie sagen. Sagen Sie es doch! oder auch nicht — es wäre überflüssig — ich verstehe *(erhebt sich)* und empfehle mich.

GRÄFIN *(seine Hand ergreifend)*. Lieber Rüdiger, was fällt Ihnen ein? En famille heißt: in Ihrer Gegenwart.

MARKO *(unangenehm überrascht)*. In seiner Gegenwart? ... *(Sieht erst Emma, die seinen Blick ruhig aushält, dann Rüdiger an. Nach einer Pause zu diesem.)* Dir ist sehr zu gratulieren.

EMMA. Darüber weiß man wirklich noch nichts Bestimmtes.

RÜDIGER *(beißt sich auf die Lippen)*. Nein, denn die Gräfin ist nicht — wie soll ich sagen? ... und ich bin nicht zudringlich.

GRÄFIN *(ablenkend zu Marko)*. Du gehst also nach Waldsee? — Endlich!

MARKO. Was sollte ich dort, solange sich mein Vormund —

RÜDIGER *(fällt ihm ins Wort)*. Ich würde sagen: mein Vater.

MARKO. Mein Stiefvater, lieber Freund; solange sich also der, mit einem Schein von Recht, die Mitregentschaft anmaßen durfte. Dieser Schein ist zerstört...

RÜDIGER *(wie oben)*. Auf Kosten des letzten Willens deiner Mutter. Man sagt, du habest ihr Testament angegriffen.

MARKO *(gelassen)*. Es war nicht das ihre, war ihr nur zur Unterschrift vorgelegt worden, als sie schon halb bewußtlos... Aber lassen wir diese peinlichen Dinge. Meine Freunde werden keine Rechtfertigung in Ehrensachen von mir verlangen...

EMMA *(unwillkürlich)*. Nein.

MARKO. Ich erwarte vielmehr, daß sie für mich einstehen, wenn es etwa nötig wäre.

RÜDIGER. Da kann ich dir nur wünschen, daß du in dieser Erwartung nicht getäuscht werdest. Ich, an deiner Stelle, ich würde...

MARKO *(tritt an ihn heran. Mit unterdrücktem Zorn)*. Was?

RÜDIGER. Ich würde mich gefaßt machen...

MARKO. Worauf?

RÜDIGER. Nicht überall dem Wohlwollen zu begegnen, das dir soeben *(er deutet auf Emma)* entgegenkam. *(Will aufstehen.)*

GRÄFIN *(zieht ihn am Arme auf seinen Platz zurück)*. Ganz Ihrer Meinung, lieber Graf, aber setzen Sie sich. — Und jetzt bitte ich um eine andere Konversation. *(Zu Marko.)* Du hast ja eine Tochter, drei Jahre alt, wenn ich nicht irre.

MARKO. Jawohl, erst drei Jahre.

GRÄFIN. Und wo ist die Kleine?

MARKO. Wo sollte sie anders sein als bei mir.

GRÄFIN *(lebhaft)*. Bei dir, und du hast sie nicht mitgebracht? Das ist — verzeih! wieder eine deiner Rücksichtslosigkeiten.

MARKO *(gutmütig).* Rücksichtslosigkeit nennst du das?

GRÄFIN. Wo seid ihr abgestiegen?

MARKO. Im Hotel dir gegenüber.

GRÄFIN *(immer lebhafter).* Im ersten Stock?

MARKO. Jawohl.

GRÄFIN. Und die Kleine bewohnt das Erkerzimmer links?

MARKO. Jawohl.

EMMA. Sie ist es!

GRÄFIN. Ich kenne sie! Ich habe sie gestern am Fenster gesehen und eine Stunde lang mit ihr kokettiert. Ein Engel — aber zart — und diesen zarten Engel legt man in ein Wirtshausbett, füttert man mit Wirtshaussuppe, während seine Großtante ihm gegenüber wohnt. Unverzeihlich! *(Sie hat sich erhoben, geht auf Marko zu und bleibt vor ihm stehen.)* Deine einzige Entschuldigung ist: du weißt nicht, was du tust.

EMMA *(lächelnd zu Marko).* Nimm das nicht übel. Meine Großmutter hat ein dreijähriges Kind am Fenster gesehen, mein Großmutter ist verliebt.

GRÄFIN. Unsinn! ... Ich will die Kleine hier haben, Marko, ich werde sie gesund pflegen.

MARKO. Aber, Tante, es fehlt ihr nichts.

GRÄFIN. Nichts? Welche Blindheit, Gott im Himmel! Sie hat ihre Mutter verloren und — es fehlt ihr nichts. *(Schellt erst ein-, dann zweimal.)* Hole sie, in einer Viertelstunde ist alles zu ihrem Empfang bereit. Zwei Zimmer neben meinem Schlafzimmer stehen zur Verfügung.

Der Diener und eine Kammerjungfer sind durch die Mitteltür eingetreten. Gräfin erteilt hastig und leise ihre Befehle und entläßt die Leute.

EMMA *(indessen zu Marko).* Was zögerst du? Deine Kleine muß zu uns kommen.

MARKO. Sie muß? *(Etwas verlegen.)* Ja, das ist so eine Sache...
Ich weiß nicht, ob sie will.

EMMA. Die Dreijährige hat schon einen Willen?

GRÄFIN *(kommt in den Vordergrund zurück).* Nun geh, Marko.
(Sie drängt ihm seinen Hut auf und geleitet ihn zur Tür.)

MARKO. Ich geniere mich, Tante — meine Kleine — sie ist ein
wenig schlimm.

GRÄFIN. Mag sie sein, wie sie will, ich gewähre ihr
Gastfreundschaft.

RÜDIGER *(mitten im Zimmer, knöpft seinen Rock zu).* Das täte ich
wieder nicht.

*Der Salon ist leer. Aus dem Vorzimmer dringt lautes
Kindergeschrei. Der Diener öffnet beide Flügel der Mitteltür.
Zuerst stürzt die Kammerjungfer herein, läuft durch den Salon in
das Zimmer links. Marko folgt. Er trägt Dorchen auf dem Arme,
die sich an seinen Hals anklammert, den Kopf an seine Schulter
preßt und aus allen Kräften schreit. Die Bonne eilt ihm, die Gräfin
der Bonne nach.*

MARKO. Wo! — wohin? *(Wendet sich links von der Eingangstür.)*

DIENER *(vortretend, nach rechts weisend).* Hierher, Herr Graf.

MARKO *(schwenkt rasch nach rechts).*

GRÄFIN *(zu der Kleinen).* Nicht weinen, mein Schatz, mein Herz,
nicht weinen, mein Engel!

BONNE *(ebenso).* Pas avoir peur, ma chérie, Élise est là, Élise est
là.

DIENER. Aber Komtesserl, Komtesserl!

(Alle links ab.)

*Die Beschwichtigungsversuche der Gräfin und der Bonne und das
Geschrei des Kindes dauern fort.*

EMMA *(aus ihrem Zimmer)*. Was gibt es? — Ach! der Einzug unseres Gastes. *(Sie blickt ins Nebenzimmer durch die offen gebliebene Tür und lacht.)* Ein charmantes Kind, meiner Treu!

MARKO *(kommt, halb verdrießlich, halb verlegen)*. Ich habe es ja gesagt, daß man sie in Ruhe lassen soll. Man muß Kinder immer in Ruhe lassen. Die arme Kleine war ganz zufrieden mit ihrer Wirtshaussuppe.

EMMA *(die ihn kopfschüttelnd angehört hat)*. Sie wird auch bei uns zufrieden werden. *(Sie geht in das Zimmer links. Einen Augenblick wird das Geschrei des Kindes lauter, dann hört es allmählich auf.)*

MARKO *(hat sich gesetzt, stützt die Ellbogen auf die Knie, das Gesicht in die Hände. Als das Geschrei aufhört, hebt er den Kopf und beobachtet die Vorgänge im Nebenzimmer)*. Sie beruhigt sich. Sieh da, sieh da, wie ernsthaft die Cousine mit ihr spricht. Den Ton ist sie freilich nicht gewöhnt... Verzieht auch schon den Mund — es wird gleich wieder angehen, das Geschrei... O Wunder! — sie gibt ihr die Hand, sie hört ihr zu und lacht... Die arme Kleine, jetzt lacht sie gar. Das wird noch eine dicke Freundschaft werden zwischen den beiden.

EMMA *(tritt langsam ein und bleibt mit gekreuzten Händen vor Marko stehen)*. Du hast ein schlimmes Kind, mein lieber Marko. Verstehst dich nicht auf Erziehung, scheint mir.

MARKO *(aufstehend)*. Nein! — ich weiß nichts anzufangen mit gebrechlichen Wesen, ihre Schwäche imponiert mir, ich zittere vor ihrer Angst, ich halte es nicht aus vor Mitleid mit ihrem geringsten Schmerz... und so erfülle ich dem Kind jeden Wunsch, ihre Launen regieren mich *(zornig)* und die Bonne sucht mich noch zu übertreffen und die Dienerschaft folgt unserem Beispiel, alles kriecht vor der kleinen Tyrannin *(ausbrechend)* und wir bilden das Kind allmählich aus zu einem würdigen Mitglied der Gesellschaft der heiligen Affen von Benares.

EMMA. Ein höchst erfreuliches Erziehungsresultat.

MARKO. Aber so weit soll es nicht kommen. Mein Entschluß ist gefaßt, ich gebe das Kind demnächst ins Sacré-coeur.

EMMA. Wo Fremde gut machen sollen, was der Vater an ihm gesündigt hat. Ich weiß besseren Rat: Laß die Kleine bei uns.

MARKO. Was dir einfällt!

EMMA. Etwas sehr Praktisches. Ich verstehe mit Kindern umzugehen, ich habe das gut gelernt in unserem Kindergarten auf dem Lande.

MARKO. Kindergarten? so? *(Etwas spöttisch.)* Du beschäftigst dich mit Volksbildung?

EMMA. In ihren bescheidensten Anfängen.

MARKO. Nun, ich werde in Waldsee Eurem Beispiel folgen *(mit einer leichten Verbeugung)* unter deiner Anleitung.

EMMA. Ich bitte dich, bleiben wir bei der Stange. Gibst du uns die Kleine?

MARKO. Ich denke nicht daran. Die Tante würde das bißchen Gute, das an dem Kind noch ist, bald ausgerottet haben.

EMMA. Ich bin da, um dem Unfug zu steuern.

MARKO. Wie lange noch? Rüdiger wird schwerlich warten, bis Dorchens Erziehung beendet ist.

EMMA. Rüdiger wird vielleicht noch länger warten müssen, wenn er es überhaupt tun will.

MARKO. Das heißt? ... Was heißt das?

EMMA. Daß ich ihm schon mehrmals gesagt habe: Warten Sie lieber nicht, es ist am Ende doch umsonst.

MARKO. Und er setzt trotzdem seine Bewerbung fort?

EMMA. Trotzdem.

MARKO. Nun, der hat eine gute Portion Geduld.

EMMA. Und eine gute Portion Eigensinn. Und er hat noch etwas: eine mächtige Fürsprecherin, meine Großmutter, die ihn bewundert und das unbedingteste Vertrauen in die Bravheit seines Charakters hat.

MARKO. Es ist auch nicht das geringste gegen ihn einzuwenden.

EMMA. Doch! seine böse Laune, seine Übelnehmerei.

MARKO. Die hat allerdings zugenommen mit den Jahren. Er wird eben verwöhnt.

EMMA. Dafür dank ich, das kann ich nicht brauchen — verwöhnt bin ich selbst.

MARKO. Dann werdet ihr euch um so besser verstehen.

EMMA. Oder um so schlechter. Übrigens sind das nebensächliche Bedenken, wenn man von einem Menschen weiß, er ist ehrenhaft und treu — und hauptsächlich, wenn man ihn liebt. Ich aber liebe ihn nicht.

MARKO. Das ist kein Ehehindernis.

EMMA *(sieht ihn aufmerksam und ernsthaft an)*. Seltsam, was du da behauptest. — Seltsam, meiner Treu!

MARKO *(lacht)*. Du sagst noch immer: meiner Treu?

EMMA. Noch immer. Ich werde meine alten Gewohnheiten nicht los.

GRÄFIN *(kommt triumphierend)*. Jetzt hat sie die Biskote doch gegessen, denk dir, Marko! und sie ist überhaupt der herzigste Schatz, der mir je vorgekommen ist. Sie hat "Ghoßtante" zu mir gesagt, und Elise mußte Purzelbäume machen.

MARKO *(entrüstet zu Emma)*. Purzelbäume!

GRÄFIN. Warum nicht? sie macht das sehr anständig. *(Zu Emma.)* Und nach dir hat sie dreimal gefragt.

EMMA *(freudig)*. Wirklich? hat sie wirklich nach mir gefragt? *(Zu Marko.)* Siehst du, ich war streng, ich habe sie gezankt, das war ihr etwas Neues, und das Neue verfehlt bei Kindern seine Wirkung nie. *(Ab nach links.)*

GRÄFIN. Ach, Marko! ich hätte eine so große Bitte: Vertraue mir Dorchen an, für ein Jahr oder zwei. In kurzer Zeit reisen wir auf das Land, dann lebt sie in deiner Nachbarschaft, du kannst sie täglich besuchen... Erfülle mir die Bitte, Marko, eine liebreiche Umgebung tut dem Kinde not; ihr seid so hart, ihr Männer, ihr habt keinen Begriff von der Geduld, der Zärtlichkeit, die ein Kind braucht... Dorchen ist unvertraut, eingeschüchtert *(ärgerlich, weil er lacht)*, verprügelt mit einem Wort.

MARKO. Verprügelt, die?

DIENER *(kommt mit einem Briefe, den er der Gräfin überreicht):* Von Herrn Grafen Rüdiger. *(Ab.)*

GRÄFIN. Er schreibt mir? — *(Liest.)* Sieh nur — er ist gekränkt — hat auch alle Ursache, Emma und du, ihr wart unfreundlich gegen ihn. *(Liest.)* Er will nicht mehr kommen... O!... Er fürchtet zu genieren, o! o! — Emmas Wort: en famille hat ihm zu weh getan.

MARKO. Sie hat es nicht ausgesprochen, er legte es ihr in den Mund.

GRÄFIN. Gleichviel, wir werden trachten, ihn wieder gut zu machen. Aber jetzt lebe wohl. Das Essen der Kleinen wird wohl schon serviert sein. *(Will gehen.)*

MARKO. Ist das eine schwere Aufgabe, Rüdiger wieder gut zu machen?

GRÄFIN. Eine ungemein leichte, weil ja Güte der Grundzug seines Charakters ist.

MARKO. Schade, daß seine Laune und der Grundzug seines Charakters so wenig übereinstimmen.

GRÄFIN. Seine Laune? es ist die eines Verliebten, der sich einbildet, nicht völlige Erwiderung zu finden. *(Zerstreut.)* Das alles vergeht, das alles gibt sich in der Ehe. *(Für sich.)* Sie ist gewiß schon bei der Suppe.

MARKO. Ja, ja, ich weiß, was sich in der Ehe gibt.

DIENER *(meldend).* Der Graf Rüdiger.

GRÄFIN *(die schon die Klinke der Tür links in der Hand hält, wendet sich).* Wer?

DIENER. Graf Rüdiger.

MARKO. Er wollte ja nicht mehr kommen.

GRÄFIN *(eine kleine Regung der Ungeduld niederkämpfend).* Schön, sehr schön. *(Zum Diener.)* Lassen Sie ihn eintreten.

DIENER. Der Herr Graf wünschen Frau Gräfin allein zu sprechen.

GRÄFIN. Ach was, allein! *(Zu Marko.)* Nach der Suppe kommt ein Hühnerfilet mit grünen Erbsen. Ich hätte mich so gern überzeugt, daß es ihr schmeckt.

DIENER. Der Herr Graf warten.

GRÄFIN. Führen Sie ihn ins Kinderzimmer.

MARKO. Aber Tante, ich bitt dich — *(nimmt seinen Hut)* ich gehe.

GRÄFIN. Du bleibst, du rührst dich nicht von der Stelle. Wenn die Kleine nach dir riefe — was dann? *(Zum Diener.)* Führen Sie den Grafen in den gelben Salon. *(Diener ab.)*

GRÄFIN. Es ist ein Mißgeschick, daß der gute Rüdiger just in diesem Augenblick kommen muß. Bei Tische und vor dem Einschlafen sind Kinder am herzigsten. *(Ab durch die Mitte.)*

Marko allein.

MARKO. Die Tante! sie übertrifft mich noch. Nein, kleines Dorchen, hier ist unseres Bleibens nicht. Wir reisen. — Wenn auch im Irrtum befangen, ich seh ihn ein, und das ist der erste, der wichtigste Schritt zur Befreiung.

Emma kommt von links, sie führt Dorchen an der Hand. Elise folgt mit unzufriedener Miene.

EMMA. Dorchen kommt um Verzeihung zu bitten daß sie so schlimm gewesen ist. Nun, du Kleine?

DORCHEN. Pardon, Papa.

MARKO. Pardon, das Kind sagt Pardon? Das ist ja etwas Außerordentliches. *(Streichelt ihre Haare.)* Wir wollen aber auch andere Saiten aufziehen, von nun an. Mein Dorchen hat mir heute Schande gemacht.

ELISE *(pikiert)*. Andere Saiten? Chande gemackt? qu'est-ce que cela veut dire?

MARKO *(zu Elise)*. Ich bitte Sie, das Kind zu Bett zu bringen. Sie schläft ja schon.

ELISE. Viens ma chérie, viens mon petit ange.

DORCHEN *(hält Emmas Hand fest)*. Avec toi, avec toi!

EMMA. Brav sein, Dorchen. *(Nimmt sie auf den Arm und trägt sie bis zur Türe, wo Elise sie übernimmt und mit ihr abgeht.)*

MARKO. Ich glaube wirklich, du würdest mit ihr fertig werden.

EMMA. Es wäre keine große Kunst.

MARKO. Mir ist es nicht gelungen.

EMMA. Ich seh's mit Staunen. Du, der schon als Jüngling die Seelenstärke eines Mannes hatte, du, der kühne Bekämpfer des Unrechts, Ritter der Vernunft — wie du dich nanntest — du stehst unter einem *(sie mißt an ihrer Hand)* so langen Pantoffel; du hast dringend nötig, nach Hilfe zu rufen, wenn dir deine Tochter in die Nähe kommt.

MARKO *(erhebt den Kopf, sieht sie freundlich an)*. Eine deiner wohlbekannten Übertreibungen. Wahrhaftig, du hast dich nicht verändert.

EMMA. Semper idem. An mir erleben meine Freunde auch nach langer Trennung keine Überraschungen.

MARKO. Um so besser, wenn du immer bist, wie du immer warst.

EMMA. Weißt du was? — Sei nicht galant, es steht dir schlecht. *(Nach einer Pause.)* Marko — ich kann es nicht glauben, daß du wenig Rücksicht für deine arme, kleine, zarte Frau gehabt, daß du sie unglücklich gemacht hast.

MARKO *(sieht finster zu Boden)*. Das letztere ist wahr.

EMMA. Ein schlechter Dank für ihre große Liebe.

MARKO *(springt auf)*. — Liebe! Liebe! ... Wenn ich nur dieses Wort nicht mehr hören müßte!

ELISE *(erscheint an der Tür)*. Monsieur, la petite dort, le moindre bruit l'éveille.

MARKO *(leise)*. Elle dort? C'est bien, c'est très bien!

Elise zieht sich zurück.

MARKO *(wie oben, sieht auf die Uhr)*. Das ist ihr Nachmittagsschläfchen. Es dauert meistens eine Stunde. Nur still, nur still! *(Will mit äußerster Vorsicht den Sessel in Emmas Nähe rücken, erschrickt und horcht. Beruhigt sich.)* Nein, es ist nichts.

EMMA *(mit unterdrückter Stimme)*. Was sagtest du vorhin? welches Wort soll man vor dir nicht aussprechen?

MARKO. Eines, das ich gar zu oft nennen hörte, als Entschuldigung, als Rechtfertigung von vielem, vielem mir zugefügten Unrecht, mir auferlegter Pein. Meine arme, kleine, durch ihre Schwäche gefeite Frau hat mir nicht nur das Wort, sondern auch die Empfindung, welche man damit zu bezeichnen pflegt, auf ewig verleidet... "Ja, mein Leben, meine Seele, ja Marko, ich quäle dich, aber — aus Liebe. Ja, ich möchte nicht eine Minute ohne dich sein, ich bin anspruchsvoll, aber — aus Liebe!"

EMMA. Pst! Du weckst das Kind.

MARKO *(dämpft die Stimme)*. Und aus Liebe war sie eifersüchtig auf die Zukunft, Gegenwart, Vergangenheit, besonders auf die Vergangenheit. Es war ein Verbrechen, daß ich nicht unerfahren wie ein Mondkalb in die Ehe getreten. Ein Mann, der das Leben kennt, der Abenteuer gehabt hat, wie leicht ist es dem, eine ahnungslose Frau zu betrügen. Und er denkt und sinnt nichts anderes als Betrug. *(Laut und lauter.)* Meine Feinde wissen, daß ich ein ehrlicher Mensch bin; diejenige, deren Abgott ich war, wußte es nicht.

EMMA. Pst, Pst!

MARKO. Wenn ich das Haus auf ein paar Tage verließ, fühlte ich mich als eine Art Henker; ich wußte ja, meine Frau verzehrt sich daheim in Angst und Sehnsucht.

EMMA. Das war krankhaft.

MARKO. Krankhaft? Ja, die Liebe ist eine Krankheit.

EMMA. Keine unheilbare wenigstens.

MARKO. Bei meiner Frau hat sie sich als solche erwiesen.

EMMA *(erschrocken)*. Marko, unheilbar — tödlich?

MARKO. Nein, Gott sei Dank! so arg war es doch nicht... Sie starb an einem anderen Übel, sanft und ruhig, ihre Hand in der meinen.

EMMA. Arme Frau!

MARKO. Das habe ich immer gedacht, wenn Ungeduld mich übermannen wollte, und so lebte ich sechs Jahre hin, kämpfend zwischen Empörung und Mitleid. Und da nimmt die Tante es mir noch übel, daß ich nicht geschrieben habe. Was hätte ich schreiben sollen? Die Wahrheit — Verrat an meiner Frau. Die Unwahrheit — Verrat an euch.

EMMA. Aber später, als du Witwer geworden.

MARKO. Da war meine Seele betrübt. Man macht ein Wesen, von dem man geliebt wird, nicht ungestraft unglücklich. Es rächt sich, wirft einen Schatten auf das ganze Leben.

EMMA. Du hast dir ja keinen Vorwurf zu machen.

MARKO. Sei es, wie es sei, die Erinnerung bleibt. *(Steht auf.)* Eines, weißt du, eines wird mir immer unbegreiflich bleiben: so viele unglücklich Liebende sind durch die Kunst und die Poesie verewigt worden *(laut),* warum niemals die viel Bedauernswerteren — die unglücklich Geliebten?

EMMA. Es ist merkwürdig; du brauchst aber deshalb nicht zu schreien.

MARKO *(nach einer Pause wieder leise)*. Daß ich niemals an euch schrieb, war kein Zeichen des Vergessens. Im Gegenteil, in meinen schlimmen Stunden gedachte ich deiner.

EMMA *(lacht)*. Sehr schmeichelhaft.

MARKO. In dem Sinn, in dem ich's meine, ohne Zweifel. Ich überlegte, ich sagte mir: allein bleiben kann ich nicht. Mein Haus braucht eine Herrin, mein Kind braucht eine Mutter, mein Herz braucht einen guten Kameraden. So kam ich denn her, um dich zu fragen — ich gesteh dir's aufrichtig —, ob du die drei Ämter übernehmen willst.

EMMA *(ruhig)*. Du schenkst mir viel Vertrauen.

MARKO. Schenken? Du hast es von je und immer. Was meinst du, Emma, wenn ich mich vor sechs Jahren um dich beworben hätte, würdest du mich genommen haben?

EMMA *(wie oben)*. Ganz gewiß.

MARKO. Schade, sehr schade! Wir hätten in guter Freundschaft eine friedliche Ehe geführt. Aber nein, die Freundschaft genügte mir nicht, es mußte Liebe sein. Ich mußte eine Leidenschaft fassen und einflößen. *(Preßt beide Hände auf die Schläfen.)* Vorbei! nicht mehr gut zu machen. Ich bin wieder frei, noch nicht alt, reich — ich mochte mich hinwenden, wohin ich wollte, ich fand keine, die mich nicht liebte. In Kroatien auf dem Gute ließ jedes heiratslustige Fräulein in der Nachbarschaft mich merken: ich trage dich im Herzen. Auf der Reise hierher, welche Entdeckung — Elise liebt mich.

EMMA. Du bist ein moderner Orpheus.

MARKO. Ohne Leier. Unterwegs erzählte sie mir in einem fort Geschichten von Grafen, die aus unwiderstehlicher Leidenschaft Bonnen geheiratet haben. *(Wehmütig.)* Bin ich nicht ein Pechvogel? — Als ich mich entschließe, bei der einzigen, von der ich sicher weiß, die liebt mich nicht, anzufragen: Willst du den Jugendfreund zum Manne nehmen? finde ich sie halb und halb verlobt.

EMMA. Dieses Hindernis wird bald behoben sein.

MARKO. Was sagst du?

EMMA. Aber es ist ein anderes vorhanden, das nicht wegzuräumen ist.

MARKO *(rasch)*. Welches?

Gräfin und Rüdiger kommen durch die Mitte. Sie befinden sich in lebhaftem Wortwechsel.

GRÄFIN. Ganz und gar nicht Ihrer Meinung, mein lieber Graf. *(Halblaut zu Emma.)* Was macht sie?

EMMA *(ebenso)*. Sie schläft.

RÜDIGER. Ich muß dennoch dabei bleiben.

EMMA. Eine Meinungsverschiedenheit zwischen euch beiden? Die Welt steht nicht mehr lang.

GRÄFIN *(zu Emma)*. Er findet es unverträglich mit seiner Mannesehre, seine Bewerbung um dich fortzusetzen, er findet...

EMMA *(fällt ihr ins Wort. Zu Rüdiger)*. Sie geben mir einen Korb, Graf Rüdiger?

RÜDIGER. Den ich an Ihrer Stelle nicht annehmen würde.

EMMA. Ich tu's trotzdem. Seien Sie mir nicht böse. *(Reicht ihm die Hand, herzlich.)* Sie geben mir einen Korb, ich bitte um Ihre Freundschaft.

RÜDIGER. Die ich Ihnen nicht gewähren kann. Verlangen Sie Freundschaft von Ihrer Großmutter, von Ihrem Vetter. Was mich betrifft — ich empfehle mich.

EMMA *(wie früher)*. Leben Sie wohl, Graf Rüdiger.

RÜDIGER. Das wünsche ich Ihnen. Es tut mir leid, daß ich zur Erfüllung dieses Wunsches nichts beitragen kann. Mein Wille war der beste, meine Absicht ganz uneigennützig.

GRÄFIN *(zerstreut nach der Tür links blickend)*. Sie sind so edel, lieber Rüdiger, immer so edel...

RÜDIGER. Ohne mir zu schmeicheln… in dieser Sache… *(Zu Emma.)* Ihr Glück lag mir am Herzen, nicht das meine. Ich an Ihrer Stelle hätte einen Mann, der einzig und allein mein Glück im Auge hat, besser zu schätzen gewußt.

GRÄFIN *(wie oben).* Lieber, lieber Graf, *(zu Emma)* mir ist, als hörte ich Stimmen, sie ist vielleicht schon wach.

RÜDIGER. So bleibt mir denn nichts übrig als…

GRÄFIN *(wendet sich nach links).* Adieu, adieu, lieber Rüdiger. *(Für sich.)* Ich werde ihn schon wieder gut machen.

RÜDIGER. Als Sie um eine letzte Unterredung zu bitten, Frau Gräfin.

GRÄFIN *(mit Selbstüberwindung).* O natürlich — mit Vergnügen.

Rüdiger verbeugt sich gespreizt vor Emma und geht mit der Gräfin durch die Mitteltür ab.

EMMA. War der Mann nicht eigentlich etwas grob gegen mich?

MARKO. Warum sollte er nicht grob gewesen sein, er liebt dich ja. *(Emma nimmt Platz auf dem kleinen Kanapee rechts, Marko auf dem Sessel links neben ihr.)*

MARKO *(drückt das Gesicht in die Hände).* Recht schade, recht schade!

EMMA. Was meinst du?

MARKO *(nach der Tür deutend, durch die Rüdiger abgegangen ist).* Daß nur ein Nebenhindernis weggeräumt wurde.

EMMA. Ich kann's nicht ändern; das Haupthindernis bleibt.

MARKO. Worin besteht es? sprich doch. Die Ungewißheit ist etwas sehr Unangenehmes.

EMMA. Du bist im Irrtum über mich, Marko. Ich muß dir ein Geständnis tun: Ich habe dich geliebt.

MARKO *(rückt von ihr weg).* Schrecklich! *(Steht auf und geht sehr bekümmert mit großen Schritten im Zimmer auf und ab. So oft er an Emma vorüberkommt, richtet er abgebrochene Reden an sie.)* Aber nein. Lauter nachträgliche Einbildungen.

EMMA *(immer ganz ruhig).* Die reine Wahrheit, ich will dich nicht betrügen.

MARKO. Wenn es gewesen wäre... ich hätte auch etwas davon gemerkt.

EMMA. Dazu gehören zwei. Einer, der es merkt, eine, die es merken läßt.

MARKO *(bleibt stehen).* Lieben und es nicht merken lassen? *(Schüttelt den Kopf.)* Kommt nicht vor.

EMMA. Im allgemeinen nicht — aber bei mir. — Ich habe eine ganz gewaltige Liebe für dich gehabt.

MARKO. Habe gehabt! — Vergangene Zeit.

EMMA. Wenn es aber wiederkäme?

MARKO. Fürchte nur das nicht. In den ersten besten verliebst du dich eher als in einen, in den du bereits verliebt *(mit Nachdruck)* gewesen bist.

EMMA. Und das Sprichwort: Alte Liebe rostet nicht?

MARKO. Alte Liebe ist Freundschaft. *(Wischt sich die Stirn.)* Das war auch nötig, mich so zu erschrecken. *(Er holt einen Sessel von dem großen Etablissement und setzt sich links, mit dem Rücken gegen die Wand.)* Emma — Cousine — wollen wir aufrichtig miteinander reden?

EMMA. Wie denn anders?

MARKO. Nun, meine Freundin — die Hindernisse wären weggeräumt. — Kennen lernen brauchen wir zwei uns nicht mehr. Ich möchte nur eins wissen: Was empfindest du jetzt für mich?

EMMA. Ich empfinde für dich eine herzliche Sympathie und ein herzliches Bedauern.

MARKO. Warum das?

EMMA. Weil deine schönsten Jahre dir vergällt worden sind.

MARKO. Emma — und — die deinen?

EMMA. Still! Es schickt sich nicht, eine Dame an schöne Jahre, die vergangen sind, zu erinnern. Also das Bedauern ist gegenseitig.

MARKO. Die Sympathie gleichfalls.

EMMA *(erhebt sich ein wenig und neigt den Kopf)*.

MARKO. Überdies hab ich vor dir eine aufrichtige Hochachtung.

EMMA *(wie früher)*. Ganz mein Fall dir gegenüber.

MARKO *(erhebt und verneigt sich)*. Von einem Vertrauen ohne Grenzen sprach ich dir schon — auch von meiner Sehnsucht nach einem guten Kameraden. *(Er hat sich wieder gesetzt, legt die gekreuzten Hände auf sein Knie und sieht Emma mit einem langen, innigen Blick an.)* Willst du mein guter Kamerad werden?

EMMA *(stützt den Arm auf den Tisch und die Wange auf die Hand)*. Unter Bedingungen.

MARKO. Nenne sie.

EMMA. Ich trenne mich nicht von meiner Großmutter.

MARKO. Selbstverständlich, sie bleibt bei uns. Ferner?

EMMA. Ich will deine gleichgestellte Lebensgefährtin und in allen Dingen, die meinen Horizont nicht übersteigen, deine erste Instanz sein.

MARKO *(nickt zustimmend)*. Das sollst du sein.

EMMA. Ich habe zur Demut ebensowenig Talent wie zur Lüge, ich bin nicht hilflos — *(lächelnd)* besitze demnach kein Mittel, dir zu imponieren.

MARKO. Du brauchst auch keins. Mein unbedingter Glauben an dich sichert dir deine unbedingte Selbstherrlichkeit.

EMMA. Da wir ohne Liebe heiraten, wissen wir nichts von ihren Schmeicheleien.

MARKO. Ich weiß leider genug von ihnen, um sie zu verabscheuen — aber, Verehrte! ich habe so oft Ja gesagt, sage auch du einmal Ja. Nimmst du mich?

EMMA. Ja.

MARKO *(freudig, aber ohne seinen Platz zu verlassen).* Das ist der segenbringendste Augenblick meines Lebens! Unser Bund ist geschlossen.

EMMA. Eine Frau — ein Wort.

Gräfin kommt durch die Mitte. Emma und Marko erheben sich.

GRÄFIN. Der arme Rüdiger, jetzt ist er weggegangen. Er sagt eigentlich immer dasselbe, der arme Gute!

MARKO. Er tut auch immer dasselbe, deshalb zweifle ich nicht, daß er wiederkommen wird.

GRÄFIN. Dann will ich suchen, ihn zu versöhnen.

EMMA. Zu spät, Großmutter.

ELISE *(auf der Schwelle).* Monsieur, la petite vient de s'éveiller. *(Ab.)*

GRÄFIN. De s'éveiller! *(Will ihr nach).*

MARKO *(stellt sich vor die Tür).* Verzeih! — Ich muß dir etwas sagen — Tante, *(mit bebender Stimme)* beste Tante, ich habe die Ehre, dich um die Hand Emmas zu bitten.

GRÄFIN. Du? *(Fassungslos zu Emma.)* Und du?

EMMA. Ich bin einverstanden.

GRÄFIN *(wie oben).* Liebst du ihn denn noch?

MARKO *(rasch).* Wir heiraten nicht aus Liebe.

GRÄFIN. Sondern?

MARKO. Aus Hochachtung.

GRÄFIN *(zu Emma)*. Und dein Grund?

EMMA. Unüberwindliche Sympathie.

Elise (kommt mit der Kleinen, die sich von ihr losreißt und auf Emma zueilt).

DORCHEN. Ma cousine, ma cousine!

EMMA *(nimmt sie auf den Arm)*.

MARKO *(zur Gräfin in bittendem Ton)*. Deine Zustimmung, Tante.

GRÄFIN *(zuckt die Achseln)*. Emma hat viel um dich gelitten, du hast gut zu machen.

MARKO. Unbewußte Schuld.

GRÄFIN. Übrigens bin ich eine gehorsame Großmutter.

MARKO *(stürzt auf sie zu und küßt stürmisch ihre Hand)*. Tante!

EMMA *(küßt die Kleine)*. Dorchen!

ELISE *(die mit wachsender Entrüstung zugesehen hat, wendet sich nach links)*. Et moi, je fais mes paquets! *(Ab.)*

GRÄFIN *(blickt abwechselnd Emma und Marko an)*. Ihr seid mir unheimlich, ihr zwei. Hochachtung? Und er steht links und sie steht rechts. Gebt einander zu meiner Beruhigung doch wenigstens die Hände.

MARKO. Dagegen erhebt sich kein Hindernis. *(Ergreift Emmas Hand.)* Sie wird ja nicht nur mein guter Kamerad, sondern auch meine gute Frau. *(Er nimmt ihr das Kind vom Arm und stellt es auf den Boden.)* Vertraute! Freundin! Getreue! — Gib mir den Verlobungskuß.

EMMA *(halb lachend, halb gerührt)*. Ist denn das notwendig ohne Liebe?

MARKO. Das ist unter allen Umständen notwendig.

Susanne Kord

(Sie umarmen einander herzlich.)

MARKO *(hält ihre beiden Hände fest in den seinen)*. Die schönen
Jahre sind vorbei, jetzt werden die guten kommen.

ES WANDELT NIEMAND UNGESTRAFT UNTER PALMEN.

DRAMATISCHES SPRICHWORT (1900)

Wenn zwei Menschen zugleich anfangen, einander zu lieben, das ist ein großes Glück. Ein noch größeres Glück aber ist, wenn beide auch zu gleicher Zeit aufhören, einander zu lieben.

(Marie von Ebner-Eschenbach, *Aphorismen* 54)

Es wandelt niemand ungestraft unter Palmen

Dramatisches Sprichwort

Personen:

Gräfin Julie
Gräfin Leonore
Colonel Fleury
Ein Diener

Ein halbrunder Gartensalon, reich geschmückt mit Gruppen von Blumen und exotischen Gewächsen. Rechts und links Etablissements aus Rohrgeflecht. Mittelwand aus Glas. Aussicht auf einen großen, wohlgepflegten Park. Alle Fenster und Türen geschlossen, helle Mittagsbeleuchtung. Fleury in einem Lehnsessel, eine Zigarette im Munde, ein Buch in der Hand. Er ist im Sommeranzug, ein Soldatenmützchen auf dem Kopfe, einen Paletot um die Schultern.

FLEURY. Elendes Gewäsch! *(Wirft das Buch auf den Tisch, streckt sich aus und bläst langsam eine Rauchwolke in die Luft.)* Erzählt mir wovon ihr wollt, ihr Poeten von heute. Ihr seid gescheiter als ich, und ich kann — das heißt: ich könnte vieles von euch lernen. Aber von Liebe schweigt, von der versteht ihr so wenig, wie eure Leser. Was ihr dafür haltet und gebt, ist alles — alles! nur nicht Liebe, nur nicht die Liebe, die wir kannten und die unsere Dichter besangen. Die versicherte sich nicht im voraus ihres Lohnes, überlegte nicht erst lange, ob es vernünftig sei, die Vernunft zu verlieren. Auf gut Glück, kraft ihrer eigenen Stärke wuchs sie in die Wolken, nachdem sie freilich zuvor ihren Gegenstand unter die Sterne versetzt. Sie hoffte, solange sie konnte, und konnte sie das endlich nicht mehr, nun denn! so glühte und blühte sie weiter — hoffnungslos. Hoffnungslos, aber nicht trostlos... Sie trug ihren Lohn in sich, in ihrer eigenen Größe... Unglücklich ist kein Sterblicher, dem der Glaube blieb an eine unsterbliche Empfindung in seiner Brust. *(Er versinkt in Träumereien.)*

JULIE (kommt durch die Mitteltür, die offenstehen bleibt, hastig und aufgeregt, einen Brief in der Hand.)

JULIE *(leise)*. Fleury! *(lauter.)* Lieber Fleury! *(laut.)* Colonel Fleury!

FLEURY *(springt auf, nimmt die Mütze ab)*. Was befehlen Sie?

JULIE. O Bester! Fassen Sie sich, machen Sie sich gefaßt…

FLEURY. Worauf denn?

JULIE. Auf die schönste Überraschung.

FLEURY *(lacht)*. Auf *schöne* Überraschungen, meine gnädigste Gräfin, bin ich immer gefaßt.

JULIE. Auf diejenige *nicht*, die ich bringe! Die ist *zu* schön, *zu* wunderbar… Ich weiß wirklich nicht, wie ich sie Ihnen verkündigen soll…

FLEURY. Ist Gefahr dabei?

JULIE. Für ein Wesen von Ihrer Gemütsart — vielleicht.

FLEURY. Um so besser! da stehe ich und biete ihr die Brust. *(Er öffnet die Arme; der Paletot gleitet von seinen Schultern herab.)* Aber erlauben Sie, daß ich vorher die Tür schließe. *(Er tut es.)* So, und nun heraus mit der Sprache!

JULIE. Ohne Vorbereitung?

FLEURY. Ohne die geringste.

JULIE. Wohlan denn! — Leonore kommt.

FLEURY *(erbleicht, tritt einen Schritt zurück)*.

JULIE. Und bald, vermutlich schon… *(blickt ihn an, zögernd)* schon morgen… Aber mein Gott, Sie erschrecken mich — wie sehen Sie aus?

FLEURY *(hat krampfhaft die Lehne eines Stuhles erfaßt, dieser knickt ein, er schiebt ihn zur Seite)*. Morgen? Schon morgen? *(Greift nach einem anderen Sessel.)*

JULIE *(nimmt ihm denselben aus der Hand)*. Beruhigen Sie sich! … Vielleicht erst auch übermorgen.

FLEURY *(noch immer ganz verwirrt)*. Nein... sagen Sie... Leonore... sie weiß, daß ich hier bin und...

JULIE. Und kommt! ... Weiß, daß Sie hier sind, sie noch lieben und kommt!

FLEURY. Weiß, daß ich — mein Gott... und durch wen hat sie erfahren...

JULIE. Ich war so frei, es ihr zu schreiben, verzeihen Sie meine Indiskretion.

FLEURY *(küßt stürmisch Juliens Hand)*.

JULIE. Ich schrieb: Am Tage Deiner Verheiratung hat er Europa verlassen. Er haßte und floh den Weltteil, in welchem Du als die Frau eines anderen lebtest; er suchte in Afrika Vergessen oder den Tod.

FLEURY. Und fand keines von beiden.

JULIE. Dafür aber ein Drittes, das ihm half, die Sehnsucht nach den beiden zu überwinden — den Ruhm.

FLEURY *(ablehnend):* O — o —

JULIE. Den Ruhm eines Helden in hundert mörderischen Gefechten, eines Vorbilds seiner Offiziere, eines Vaters seiner Soldaten.

FLEURY. Aus welchen Zeitungen haben Sie diese Phrasen zusammengelesen?

JULIE. Aus allen möglichen. Wenn Sie durchaus Nachricht darüber wünschen, wenden Sie sich an Leonore. Sie wars, die alle diese Journale und Revuen aus Frankreich kommen ließ.

FLEURY *(jubelnd):* Und las — und las? —

JULIE. Jedes Wort — nämlich in den Berichten über Afrika.

FLEURY. Sie beseligen mich.

JULIE. Gelassen, lieber Freund! Hören Sie weiter. Er fand den Ruhm, schrieb ich also, und mit diesem eine Art von Glück, einen Wirkungskreis und mit diesem eine Art von Heimat. Da plötzlich, zum Erstaunen aller, die ihn für ewig zerfallen mit dem alten Europa hielten, wandelt den eisernen Soldaten, den kühnen Löwenjäger eine weichmütige Regung des Heimwehs an. Eh man sich dessen versieht, hat er Urlaub gefordert, erhalten und alles verlassen woran ihm das Herz gehangen zwanzig Jahre lang, seine Kameraden, seine Rosse, seine Waffen. Das Geheimnis dieses seltsamen Entschlusses kennt nur die Freundin, die ihm die Botschaft sandte: Worauf warten Sie noch? Leonore ist Witwe seit zwei Jahren...

FLEURY. O Beste! Das schrieben Sie ihr, und ihre Antwort darauf —

JULIE *(hält den Brief in die Höhe)*: Steht da —

FLEURY (streckt die Hand nach dem Blatte aus. Die Tür rechts wird geöffnet. Leonore tritt ein).

JULIE *(auf sie deutend).* Und dort —

FLEURY *(wendet sich rasch um):* Leonore! *(Er steht wie angewurzelt. Auch Leonore ist bewegt, faßt sich aber zuerst, geht auf ihn zu und reicht ihm die Hand.)*

JULIE *(hat sich indessen dem Ausgange genähert. Für sich):* Ein rührender Anblick! — Mein Werk. Mögs gedeihen... wenn überhaupt etwas gedeihen kann bei dieser Temperatur. Uff! — man vergeht! *(Ab, ohne die Türe zu schließen.)*

LEONORE. Nach zwanzig Jahren, lieber Freund!

FLEURY. Leonore, Sie stehen vor mir so schön, so liebenswert, wie ich Sie immer sah — immer! In Träumen und Wachen... Sie haben sich nicht verändert.

LEONORE. Sie aber — wenn Sie sich verändert haben, so ist es nur zu Ihrem Vorteil.

FLEURY. Dank für dieses gute Wort! Es beweist mir Ihre Blindheit und worauf dürfte ich überhaupt hoffen, wenn *nicht* auf Ihre Blindheit?

LEONORE *(für sich)*. O wie heiß ist es hier! *(laut)*. Orientalische Ausdrucksweise, lieber Freund. Wir sind nicht daran gewöhnt — was soll ich antworten?

FLEURY *(in ihren Anblick verloren)*. Zwanzig Jahre? — Nicht zwanzig Wochen, denk ich, wenn ich Sie ansehe… Ein Leben — wenn ich die Veränderung ermesse zwischen dem Tag, an dem ich Sie zum letzten Male sah und heute. Damals rang ich mit der Verzweiflung, heute bitte ich das Glück — töte mich nicht. *(Unterbricht sich plötzlich.)* Entschuldigen Sie einen Augenblick! Unsere Freundin ist die vortrefflichste Frau von der Welt, aber sie hat eine üble Gewohnheit: sie vergißt regelmäßig die Türen zu schließen. *(Geht nach dem Hintergrund und schließt die Glastüre.)*

LEONORE *(für sich)*. Um Gotteswillen, was tut er denn? Hält er mich für eine Orchidee? … Diese offene Tür war das einzige, was mich bisher hinderte, zu ersticken. *(Legt den Hut ab und setzt sich an den Tisch in die Nähe des Fensters.)*

FLEURY *(nimmt Platz auf einem Sessel. Nachdem er sie lange angesehen)*. Erinnern Sie sich noch unseres stummen Abschieds?

LEONORE. Am vierundzwanzigsten Jänner…

FLEURY. Um sieben Uhr abends, in Gegenwart von ein paar hundert Zeugen.

LEONORE. Es war eine bittere Stunde.

FLEURY. Sie standen an der Seite Ihrer Mutter, umringt von Leuten, die Ihnen Glück wünschten. In Ihrer Nähe Ihr Vater mit einem jungen Manne, der mir ganz fremd war…

LEONORE. Und mir — beinahe. Acht Tage vorher war ich in den Salon gerufen worden, hatte ihn dort gefunden und im stillen über die Auszeichnung gestaunt, mit der meine Eltern diesen Herrn behandelten, der mir so förmlich, so steif und — so unbedeutend erschien. Ich lachte, als man mir sagte: Sie haben Ihren Verlobten kennengelernt.

FLEURY *(hat die Arme gekreuzt, starrt vor sich nieder)*. Und ich Unseliger, der sich damals in den schönsten Hoffnungen wiegte — sich zagend und schüchtern fragte: Wirst du geliebt? Aber nur dieser Gewißheit bedurft hätte, Leonore, um Sie einer Welt abzuringen!

LEONORE. Als Sie diese Gewißheit zu erlangen suchten, wars zu spät. Ich durfte sie Ihnen nicht mehr geben. Es klang mir immer unbegreiflich, wenn ich von jungen Mädchen hörte, die sich dem Willen ihrer Eltern widersetzten. Die sechzehnjährigen Kinder, die das vermögen, haben — darauf schwör ich — anders geartete Eltern, als die meinen waren, weniger gefürchtete — *(sie verbessert sich)* weniger verehrte.

FLEURY. Das wußte ich, und so sehr ich litt, — gegrollt habe ich Ihnen keinen Augenblick.

LEONORE. Und ich, lieber Freund, dankte Ihnen im Herzen diesen Edelmut... *(Sie hat die Handschuhe ausgezogen, den Fächer ergriffen und fächelt sich.)*

FLEURY. Angebetete... *(rückt von ihr weg, knöpft den Rock zu).*

LEONORE. Ich dankte Ihnen auch — unter heißen Tränen — als ich erfuhr, daß Sie dem Drängen Ihrer Verwandten nachgegeben und sich entschlossen hatten...

FLEURY *(fällt ihr ins Wort).* Teure! Verehrte! Wollen Sie mir eine Gnade erweisen?

LEONORE. Welche denn?

FLEURY. Schenken Sie mir Ihren Fächer.

LEONORE *(sieht ihn befremdet an).* Da haben Sie ihn.

FLEURY. Dank! Den heißesten Dank! *(Steckt den Fächer in seine Brusttasche).* — Sich entschlossen hatten, sagten Sie?

LEONORE *(fährt fort):* In der afrikanischen Armee Dienste zu nehmen. Nicht nur sich selbst, auch mir erleichterten Sie durch diese scheinbar so grausame Trennung das Ertragen eines herben Schicksals, die Ergebung in... *(bricht ab, fährt mit dem Taschentuch über das Gesicht).*

FLEURY. Was ist Ihnen?

LEONORE. Heiß ist mir. Ich bin sehr empfindlich gegen Hitze...
Das ist eine meiner schwachen Seiten... Öffnen Sie ein paar
Fenster.

FLEURY *(erschrocken)*. Ein paar? ... Wie Sie befehlen. *(Wirft den
Paletot um, setzt die Mütze auf und öffnet einen Fensterflügel
rechts.)* Ja! Das wollte ich. Wollte Ihnen den Gedanken an die
Möglichkeit einer Begegnung ersparen, die Ihnen hätte
peinlich sein müssen. Sie waren mir nichts schuldig, o gewiß
nichts — aber Sie wußten doch, Sie wußten, nicht wahr? wie
unsäglich, wie über alle Maßen Sie geliebt wurden?

LEONORE. Und Sie, trotz allen Schweigens, trotz aller Mühe, die
ich mir gab, zu verhehlen, was in mir vorging —

FLEURY. An jenem unvergeßlichen Abend, an dem ich zugleich
glückselig und elend war... in *einer* Sekunde erfuhr: Sie liebt
dich, und — sie ist für dich verloren... Den Blick, den Sie
damals auf mir ruhen ließen, während ich meinen
Segenswunsch und mein Lebewohl stammelte — den nahm
ich mit mir — der erhellte mir die Seele und stählte mir das
Herz. Aus der Erinnerung an ihn habe ich Lebensmut
geschöpft oder Todesverachtung — je nachdem wies eben
nötig war. Im Sandsturm der Wüste, im Lagerzelt, auf kurzer,
der Erschöpfung gegönnter Rast, im Handgemenge, immer,
immer sah ich ihn — *(ausbrechend)* wie jetzt, so klar, so
trostreich, so himmlisch... *(will knieen)*.

LEONORE *(erhebt sich, fächelt sich mit dem Taschentuch)*.
Geduld, mein lieber, lieber Freund... wir sind ein Paar alte
Leute.

FLEURY. Eben deshalb haben wir zur Geduld keine Zeit mehr...
Die meine ist zu Ende.

LEONORE *(öffnet ein Fenster links)*.

FLEURY *(eifrig)*. Und man darf ihr das nicht übelnehmen — nach
zwanzig Jahren. Wovon nährte sie sich überhaupt so lange?
Von dem Glauben, daß mein Opfer nicht umsonst gebracht
worden, daß Ihr Dasein, Leonore, ein zufriedenes sei, und der
Mann, den Ihre Eltern für Sie gewählt, des Loses... *(er
verwirrt sich, wirft unruhige Blicke nach den offenen*

Fenstern. Für sich). Sapperlot — das zieht! *(Laut.)* Des beneidenswerten Loses würdig, das ihm zuteil geworden...

LEONORE. Er war...

FLEURY. Ein Ehrenmann, hört ich.

LEONORE. Mehr als das — ein Mann von Ehre und vollkommen wohlerzogen. Das ist viel.

FLEURY *(nimmt hastig die Mütze ab).* Sehr viel, allerdings.

LEONORE. In hochwichtigen Fragen wären vielleicht, *vielleicht* sag ich, wir hatten nicht Gelegenheit, es zu erproben, unsere Ansichten, unsere Überzeugungen nicht ganz dieselben gewesen... Aber ich bitte Sie, wie oft kommt es denn überhaupt zur Entscheidung hochwichtiger Fragen?

FLEURY. Und so waren Sie denn an seiner Seite...

LEONORE. Nicht unglücklich, wenn auch nicht so glücklich, wie ich wohl hätte werden können, wenn nicht zuvor... *(Sie stockt.)*

FLEURY *(atemlos lauschend).* Nicht zuvor? ... Vollenden Sie!

LEONORE. Jetzt darf ich es ja sagen, es ist kein Unrecht mehr. *(Lächelnd.)* Es ist auch keine Gefahr mehr dabei — wenn ich nicht zuvor Sie kennengelernt hätte, lieber Freund.

FLEURY. Leonore! Sollte versäumtes Glück sich nicht einbringen lassen? ... Mein Herz ist jung geblieben, ich schwöre Ihnen — *(Will den Arm erheben, zuckt zusammen, leise.)* Die verwünschte Schulter — da haben wirs *(Eilt zum Fenster links und schließt etwas ungeduldig).* Sie werden schon entschuldigen, ich fürchte nichts auf Erden — die Zugluft ausgenommen.

LEONORE. Uff! Uff! ... Haben Sie denn hier welche verspürt?

FLEURY. Ich nicht, aber diese meine Schulter.

LEONORE *(teilnehmend):* Dieselbe, die von der Kugel des Si-Ala durchbohrt wurde?

FLEURY. Jawohl! jawohl!

LEONORE *(mit Begeisterung)*. Im Gefechte gegen Oulad-sidi-Scheik, unter den Palmen von Laghouat?

FLEURY. Sie wissen davon?

LEONORE. Und von Ihrer Großmut gegen die gefangenen Feinde und von allem, was Ihnen zur Ehre gereicht... Sie sind ein Held, ein edler Mensch, ich achte, ich bewundere, ich... *(hält inne)*.

FLEURY. Weiter, weiter! Noch ein Wort — sprechen Sie es aus —.

LEONORE. Nun denn — ich bin Ihnen von ganzem Herzen gut, aber...

FLEURY. Erbarmen Sie sich — kein aber —.

LEONORE. Aber ich fürchte, daß wir...

FLEURY. Was? Um Himmelswillen...

LEONORE *(sieht ihn an. Nach kurzem Besinnen)*. Beantworten Sie mir zuvor eine Frage. Konnten Sie es lange aushalten in einer Atmosphäre wie diese?

FLEURY. Warum nicht? Wenn Fenster und Türen geschlossen bleiben und die Sonne ordentlich auf die Glaswand scheint.

LEONORE. Sie sind einzig! ... Ich finde diese Atmosphäre gräßlich!

FLEURY. Gräßlich?

LEONORE. Straußeneier würden hier ausgebrütet.

FLEURY *(gutmütig)*. O nein, dazu fehlt noch viel.

LEONORE. Wirklich? *(Gereizt.)* Sie waren in Afrika an eine ganz andere gewöhnt.

FLEURY. Jawohl. Die dortige wurde sogar mir manchmal etwas unbequem.

LEONORE. Das klingt unglaublich, und wenn Sie es nicht sagten...

FLEURY. Allerdings gehörte etwas dazu, bis es soweit kam.

LEONORE *(immer gereizter).* Und was, zum Beispiel?

FLEURY. Was? Nun jedenfalls mehr als ein Marsch von sechs Stunden im Sonnenbrand der Wüste durch den glühenden Sand. Soldaten, in der Sahara alt geworden, fielen schweigend hin, hatten keinen Laut mehr in der vertrockneten Kehle...

LEONORE. Und Sie?

FLEURY. Und ich befand mich wohl! Ließ mich durchdringen von der edlen Himmelsglut, lebte auf in diesem Lichte, diesem grenzenlosen, das kein Schatten unterbricht, den der langsam schreitenden Dromedare ausgenommen. Herrlich! ... Die afrikanische Hitze, man fühlt sie nicht nur, man hört sie, sie hat eine Stimme, ein tönendes, leises Klingen...

LEONORE. Genug — ich bitte Sie... genug. Erzählen Sie mir das im Winter.

FLEURY *(seufzend).* Ach Gott, ja! — Hier gibts einen Winter.

LEONORE. Und dieses Jahr einen strengen, behaupten die Wetterpropheten. Sie sind hiermit feierlich geladen, nach meinem Schneefeld.

FLEURY. Schneefeld? — so heißt Ihr Besitz?

LEONORE. Mit gutem Recht, dafür bürg ich Ihnen.

FLEURY *(steckt die Hände in die Taschen. Schauernd).* Brr!

LEONORE. Dort, lieber Freund, im großen, gegen Norden gelegenen Saal...

FLEURY. Sie haben in Schneefeld einen großen, gegen Norden gelegenen Saal?

LEONORE. In dem ich meine Nachmittage zubringe und in dem "sogar mir" die heitere Frische der Temperatur manchmal etwas "unbequem" wird.

FLEURY. Wieviel Grade, wenn ich bitten darf?

LEONORE. Zehn Réaumur, vorausgesetzt, daß im Kamine ein halber Stoß Eichenholz in Flammen steht.

FLEURY. Und dort bringen Sie Ihre Nachmittage zu? … *(rasch)* Empfangen dort vielleicht Ihre Gäste?

LEONORE. So tu ich. Der Ausblick aus den fünf Fenstern…

FLEURY. Gegen Norden?

LEONORE. Gegen Norden — ist ein herrlicher. Ein Kranz von Gletschern rings umher, und das weite Tal ein Meer von Schnee… Dort, lieber Freund — dort sprechen wir weiter von Afrika. Jetzt… entschuldigen Sie mich *(will fort)*.

FLEURY *(in Verzweiflung)*. Dort — dort — und dort können Sie leben?

LEONORE. Dort ja, während ich hier zugrunde gehe, unfehlbar und — bald. Adieu!

FLEURY. Bleiben Sie! *(Vertritt ihr den Weg.)* Suchen Sie sich zu gewöhnen — allmählich…

LEONORE. Ebensogut könnt ich mich allmählich daran gewöhnen, vom Schlag gerührt zu werden.

FLEURY. Das verhüte Gott!

LEONORE. Verhüten vor allem Sies, und lassen Sie mich fort.

FLEURY *(öffnet die Tür)*. Zu Befehl.

LEONORE *(tritt auf die Schwelle, fächelt sich mit dem Tuche, während Fleury sich immer weiter von ihr entfernt)*. Wenn schon die Rede davon ist, in alten Tagen eine neue Gewohnheit anzunehmen, so käme ein solches Heldenstück doch eher dem Manne zu, *Ihnen* eher als mir *(scharf)* um so mehr, als Ihr Geschmack ein besonderer, der meine der aller Welt ist — in Europa nämlich. Gewöhnen *Sie* sich, lieber Freund, an eine Atmosphäre, die in Europa allgemein üblich ist.

FLEURY. Nicht allgemein. Es gibt auch in Europa heiße Länder, und man sagt, daß sie bewohnt sind.

LEONORE *(sehr aufgeregt)*. Von Leuten, die ich nur anstaunen kann, mit denen ich aber nie etwas zu tun haben will. Auf Wiedersehen, lieber Fleury. — Suchen Sie mich auf, wenn Ihnen an meiner Gesellschaft gelegen ist. Adieu! ... Adieu heißt — auf Wiedersehen. *(Atmet tief auf und eilt hinweg.)* Ach, Luft! Luft!

FLEURY *(blickt ihr eine Weile nach und schließt dann die Tür. Er streckt sich wieder in seinem Lehnsessel aus, zieht die Decke vom Tisch und breitet sie über seine Füße, entzündet eine Zigarette und bläst langsam große Rauchwolken von sich).* — Scharmante Frau! ... Und wie jung sie geblieben ist, wie schön! Ganz so schön, wie ich sie in meinen Träumen sah. Scharmante Frau, liebenswürdiges Geschöpf — ein Engel! ... Macht sich aus der Zugluft so wenig wie diese ätherischen Wesen. — Steht zwischen Tür und Angel im Wirbelwind und seufzt: Luft! Luft! ... Ihr wäre am wohlsten, wenn sie die Flügel ausbreiten, sich in kühle Höhen schwingen könnte... Sie schwinge sich! Sie spiele mit dem Zephir, gaukle mit dem säuselnden Wind, kämpfe mit dem brausenden Nord — ich hindere sie nicht! Ich will sie bewundern — aber aus der Ferne. Beim Turban des Propheten — aus der Ferne!

JULIE *(kommt)*. Heil Ihnen, lieber Fleury! Abermals eine gute Nachricht.

FLEURY. Hochwillkommen, meine verehrteste Gräfin. Verzeihen Sie gnädigst, daß ich nicht aufstehe, ich bin durch und durch erkältet.

JULIE *(sieht ihn mit Erstaunen an)*. Sonderbar — Sie sind erkältet, und Leonore... Gleichviel... Meinen Glückwunsch denn! Der alte Zauber hat seine Macht nicht verloren, sie ist Ihnen noch gewogen.

FLEURY. Ja, ja, sie hat es mir selbst gesagt.

JULIE. Und Sie wiederholen es mit solcher — Fassung?

FLEURY. — Zehn Grade Réaumur, meine gnädigste Gräfin! *(springt auf.)* Zehn Grade Réaumur!

JULIE. Ich verstehe gar nichts — was heißt das?

FLEURY. Es heißt, daß ich sie liebe, sie anbete, so innig, so glühend, so treu wie je, nur — *noch* uneigennütziger.

JULIE. Das ist so edel, daß es beinahe lächerlich ist. Uneigennützig! Sie bilden sich ein, zu lieben, verliebt zu sein, und sprechen von Uneigennützigkeit?

FLEURY. Unverbesserlicher Idealist. Ja, ja.

JULIE *(zuckt die Achseln)*. Versäumen Sie nicht mutwillig den günstigen Augenblick. Gehen Sie zu ihr und — auf meine Verantwortung — bringen Sie Ihre Werbung an.

FLEURY. Sie meinen wirklich? —

JULIE. Ich meine wirklich. Gehen Sie zu ihr. Leonore erwartet Sie, ich will Ihnen das verraten — in der Grotte.

FLEURY *(mit Entrüstung)*. Wo?

JULIE. In der Grotte.

FLEURY. Mich wundert, wenn sie mich nicht unter dem Wasserfall in der Grotte erwartet. Nein, nein! Dahin gehe ich nicht!

JULIE. Und sie will nicht hierher kommen.

FLEURY. O man lasse sie gewähren!

JULIE. Was seid Ihr für kindische Leute? ... Was habt ihr? Was hat es zwischen euch gegeben? — Einen Streit? Eine Wette? Sprechen Sie, Fleury, erklären Sie mir...

FLEURY *(eifrig)*. Erklären Sie selbst, warum ein Vogel nicht im Wasser, ein Fisch nicht in der Luft, ein afrikanischer Soldat nicht in Schneefeld leben kann!

JULIE *(lacht)*. Temperaturfrage!

FLEURY. Lebensfrage! Alpha und Omega einer behaglichen Existenz. Ich liebe einen Engel, ich werde von einem Engel geliebt — was nützt mir das? — Ich kann es in seiner Nähe nicht aushalten!

JULIE. Und er nicht in der Ihren? *(Sie lacht.)* Zum Glück scheint es doch nicht so schlimm zu sein, denn sehen Sie nur, da kommt der Engel, kommt, obwohl er es hier nicht aushalten kann. O wir Frauen, wir sind doch die Besseren!

LEONORE *(eintretend, reisefertig).* Schon wieder da, lieber Fleury; habe mich erfrischt, habe mich besonnen.

FLEURY *(etwas betroffen).* So — so — besonnen?

JULIE. Bravo! Bravo!

LEONORE. Sollte ich vorhin eine Äußerung getan haben, die Sie verletzte, hier bin ich, um Abbitte zu tun.

FLEURY. Abbitte? Sie mir? Wie kämen Sie dazu? Sie haben nie aufgehört, anbetungswürdig zu sein, aber ich…

LEONORE. Kein Wort der Selbstanklage — ich protestiere! *(läßt ihn nicht zu Worte kommen.)* Nein, nein, ich nehm es persönlich, Sie beleidigen mich! … *(geht auf ihn zu und reicht ihm beide Hände, die er abwechselnd küßt.)* Es war mir ein Glück, lieber Freund, Sie wiederzufinden, so unverändert, so ganz und gar dem edlen Bilde gleichend, das ich im Herzen getragen habe und ewig tragen werde!

FLEURY. Sie sagen, was ich fühle. — Ewig! Ewig!

JULIE. O meine Teuren! Ich gebe euch meinen Segen!

FLEURY. Segen — wozu?

LEONORE. Wir scheiden zwar nicht, aber leider — wir müssen uns meiden.

FLEURY. So ist es.

EIN DIENER *(meldend).* Der Wagen der Frau Gräfin *(ab).*

JULIE. Dein Wagen? Was soll das heißen?

FLEURY. Ich! *Ich* werde fortfahren, Sie anzubeten wie bisher…

JULIE. Aus der Ferne? … Ihr trennt euch?

LEONORE. Nur scheinbar. *(Für sich.)* Mein Gott, ich fange schon wieder an zu ersticken.

FLEURY. Nur für die kurze Dauer dieses Erdenlebens.

LEONORE. Eine Spanne Zeit. Drüben, lieber Freund —

FLEURY. In einer anderen Welt —

LEONORE *(für sich)*. Einer kühleren, hoff ich — *(laut.)* dort sehen wir uns wieder.

JULIE. Hier aber, hier? Ihr vergeßt die Erde.

LEONORE *(nimmt den Arm, den ihr Fleury bietet)*. Wir haben den Himmel.

FLEURY. Den Himmel unserer Träume, unserer Erinnerungen.

JULIE. Ihr vergeßt die Gegenwart.

FLEURY. Ewige Liebe, Freundin, ist ewige Gegenwart.

LEONORE *(wendet sich auf der Schwelle)*. Und ihr Dort ist immer hier! *(Ab mit Fleury.)*

JULIE *(allein)*. Leonore — Fleury — es ist unmöglich... *(eilt zur Tür und blickt ihm nach.)* Er hebt sie in den Wagen — ein Händedruck — ein letzter Gruß — ein allerletzter! ... Sie fährt davon... Ich *kann* nicht glauben, was ich glauben *muß*. *(Zu dem eintretenden Fleury.)* Sie ist fort, Fleury!

FLEURY. Läßt sich Ihnen noch vielmals empfehlen.

JULIE *(starrt ihn an)*. Und Sie — so ruhig — so heiter... Sie folgen ihr wohl?

FLEURY *(schließt die Tür)*. Mit allen meinen Gedanken.

JULIE. Gedanken?! Großer Gott, dieser Mann ist in Afrika erfroren!

FLEURY. Mir scheint, Sie haben recht. *(Reibt sich die Hände.)* Was wollen Sie, liebe Freundin? Es wandelt niemand ungestraft unter Palmen.

GENESEN.

DIALOGISIERTE NOVELLE (1896)

Kein Toter ist so gut begraben wie eine erloschene Leidenschaft.

(Marie von Ebner-Eschenbach, *Aphorismen* 43)

Genesen

Szene in einem Aufzug

An Paul Heyse

Der Waffenschmied stand an der Esse und schmiedete gute Waffen. Flammen umlohten, Funken umsprühten ihn. Von diesen einer flog bis zu einem Hause, vor dem eine alte Frau saß und spann. Ihre Kunkel bot ihm etwas Nahrung, und so entglomm ein Flämmchen. Verzeih ihm sein Dasein, lieber Meister, es kann nicht dafür, daß Funken sprühen, wenn du am Werke bist.

Personen:

Robert
Klara
Oswald

Klara an ihrem Arbeitstisch. Sie hat ein Buch auf dem Schoße liegen, die Hände darüber gefaltet, blickt ganz versunken in Gedanken regungslos vor sich hin. Robert tritt auf die Schwelle der gegenüberliegenden Tür. Er ist im Straßenanzug, hält den Hut in der Hand; sieht seine Frau eine Weile prüfend an.

ROBERT *(ruhig)*. Klara!

KLARA *(fährt zusammen)*. Was ist?

ROBERT. Noch nicht angezogen? Du gehst nicht mit?

KLARA. Nein.

ROBERT. Du gehst nicht mit?

KLARA. Geh nur allein. Grüß ihn noch herzlich.

ROBERT. Es würde ihn freuen — er trennt sich so schwer... Komm doch... Ein letztes Lebewohl.

KLARA. Ich habe ihm schon gestern Lebewohl gesagt.

ROBERT. Eben deshalb... weils eine schöne Überraschung wäre...

KLARA. Nein — ich bitte dich, nein.

ROBERT. Warum nein? Warum nicht, wenn ichs wünsche?

KLARA *(bestimmt)*. Darum.

ROBERT. Sag doch wenigstens einen Grund... *(Hält inne, sieht sie forschend an, dann halb im Scherz, halb im Ernst.)* Es tut dir zu leid, du fürchtest dich...

KLARA *(sieht ihm fest in die Augen, zuckt langsam und fast unmerklich mit den Achseln)*. Wer weiß, vielleicht.

ROBERT *(wie früher)*. Nun ja, nun ja, das ists, du fürchtest, eine zu große Gemütsbewegung zu verraten.

KLARA *(legt das Buch auf den Tisch, nimmt eine Arbeit zur Hand. Ohne aufzublicken)*. Was ich nicht verraten will, verrat ich nicht.

ROBERT. Gewiß nicht. Und das ist es eben, daß etwas ist, das du nicht verraten willst. Eine Frau wie du... *(Sieht sie wieder aufmerksam an, zieht die Uhr.)* Noch ein wenig Zeit. *(Holt einen Sessel, stellt ihn neben das Nähtischchen, setzt sich.)* Klara!

KLARA. Robert!

ROBERT. Liebes Kind, wenn du glaubst, daß ich mir in den sechs Wochen, die Oswald bei uns zugebracht hat, nicht hundertmal gesagt habe, daß er besser für dich passen würde als ich, irrst du.

KLARA. Sechsmal sieben ist zweiundvierzig; zweiundvierzig in hundert *(rechnet leise)*. Also täglich zwei und acht Einundzwanzigstelmal.

ROBERT. Es wird wohl noch öfter gewesen sein.

KLARA *(mit Selbstüberwindung)*. Warum würde er besser für mich passen? Weil ich musikalisch bin und weil er eine schöne — übrigens ganz ungeschulte Stimme hat und französische Romanzen ganz reizend singt: Pendant que je te parle tes yeux se sont baissés, ils ont craint de me dire, les beaux jours sont passés... *(Sie hat halblaut, aber sicher eingesetzt, die Stimme wird immer schwankender und versagt zuletzt gänzlich.)*

ROBERT. Klara, was haben wir einander gelobt nach der Trauung, wir zwei ganz allein, extra Standesamt, extra kirchliche Feier?

KLARA. Wir haben einander unbedingte Wahrhaftigkeit und Aufrichtigkeit gelobt.

ROBERT. Ja, mein Kind.

KLARA. Warum sagst du mir heute immer: mein Kind? ... Ich bin deine Frau.

ROBERT. Gut also, ich appelliere an die unbedingte Wahrhaftigkeit und Aufrichtigkeit meiner Frau. Habe ich unrecht, zu glauben, daß meine Frau sich fragt: Hätt ich Oswald doch früher kennengelernt, früher — als ich noch nicht gebunden war *(sieht sie fortwährend forschend an)*. Er gefällt mir sehr, nicht nur weil er französische Romanzen reizend singt, sondern weil er ein superiorer Mensch ist und ein glänzender Mensch und auf dem Weg, ein berühmter Mensch zu werden. Ein Pitt, ein Fox, ein Kaunitz, ein — was weiß ich. Jedenfalls einer, der leben wird im Gedächtnis der Welt, wenn niemand mehr ahnt, daß wir dagewesen sind. Weil ich in seiner Nähe ein langentbehrtes Glück wiedergenossen habe, den Umgang mit einem Ungewöhnlichen, ich, die verheiratet ist mit der verkörperten Mittelmäßigkeit... unterbrich mich nicht! ... Mittelmäßigkeit... mit einem mittelmäßig begabten, mittelmäßig besoldeten Mann in mittelmäßiger Lebensstellung...

KLARA. Aber Robert!

ROBERT. Unterbrich mich nicht! ... in mittelmäßiger Lebensstellung, mit mittelmäßiger Zukunft, ein unscheinbares Rad in der großen Staatsmaschine, das, einmal ausgelaufen, ins Kehricht des wohlverdienten Ruhestandes geworfen wird. Das ist das Leben, das er mir zu bieten hat.

KLARA. Habe ich mir auf ein glänzendes Rechnung gemacht? War ich der äußeren Herrlichkeit und all des Falschen, das sich hinter ihr verbirgt, und der Berühmtheiten und all ihres Drum und Dran nicht müde, als ich *(mit einem innigen Blick)* meinen mittelmäßigen Mann kennenlernte? Hab ich mich in die früheren Verhältnisse zurückgesehnt?

ROBERT. Bis jetzt nicht. Es ist dir eben bis jetzt in diesem Neste noch niemand begegnet, der dich in die Pracht vergangener Zeiten zurückversetzt hätte...

KLARA. Pracht? Wenn ich dir sage —

ROBERT. Pracht! Die höchste, die man genießen, und der größte Luxus, den man treiben kann: der Umgang mit ausgezeichneten Menschen. Er mag seine Unbequem-lichkeiten haben, aber entbehr ihn nur, wer ihn gewohnt ist von Jugend auf und nicht stumpfsinnig ist. Entbehr ihn eine Zeitlang und begegne dann einem, der den ganzen Reichtum wiederbringt, den man vielleicht nicht völlig zu schätzen wußte, als man ihn noch besaß... Begegne ihm nur...

KLARA *(mit mühsamem Spotte)*. Und du mußt sogleich dein Herz an ihn verlieren.

ROBERT. Nicht sogleich — o, du hast dich wacker zur Wehr gesetzt, wacker gekämpft, und ich meinte schon, du hättest auch gesiegt... Aber jetzt glaube ich — sehe ich... Nun ja, ich begreife, begreife alles. *(Unterbricht sich, springt auf.)* Dastehen auf dem Perron und und dem Zug nachblicken, der hinwegführt, was uns fast zwei Monate lang das Leben schön und reich gemacht hat, und dann heimgehen am Arm des mittelmäßigen Mannes mit einem Gesicht, auf dem geschrieben steht: Es tut nicht weh, Pätus... Scheußlich für dich — und für den, der dort davonbraust, und für noch einen... Aber für den plädier ich nicht, liebes Kind.

KLARA. Schon wieder? Wie du mir vorkommst... *(Gepeinigt.)* Du sprichst wie ein Vater zu seinem unglücklich verliebten Fräulein Tochter, nicht wie ein Mann zu seiner Frau. Aber ich bin einmal verheiratet...

ROBERT. Man kann auch zweimal verheiratet sein. Es kommt vor und nicht bei Geringen — bei großen Künstlern, bei

Vorbildern und Leuchten der Menschen... Hat er es uns nicht gestern auseinandergesetzt? Hat er uns nicht Beispiele angeführt, die zu befolgen wahrlich keine Schande ist. Er war sehr deutlich gestern. Es müßt mich wundern, wenn du ihn nicht verstanden hättest... Du bist nicht taub, nicht stumpf... *(ausbrechend)* begreife!

KLARA *(wie oben)*. Mir wird am Ende nichts anderes übrigbleiben. Ich werde begreifen müssen, daß du dich nach deiner Freiheit sehnst und mich los sein willst... Wenn ich nur wüßte — wo bist du ihr begegnet, wo existiert die Unwiderstehliche, die mich bei dir ausgestochen hat?

ROBERT *(sich beherrschend)*. Kläre! Kläre! Was du da sagst, wie dus sagst, gefällt mir nicht. Unser Eid, Kläre, unser Eid! Wir sagten damals: man kann ewig lieben, aber einander ewige Liebe schwören kann man nicht, ebensowenig als man darauf schwören kann, ewig gesund zu bleiben.

KLARA. Darauf kann man freilich nicht schwören, aber man kann etwas dafür tun.

ROBERT. Dafür tun? Danke! Ich danke für eine Gesundheit, die ich pflegen muß. Ich mag von Gesundheitspflege nichts wissen. Jetzt wenigstens noch nicht. Jetzt will ich meine Gesundheit genießen, ich will sogar auf sie sündigen dürfen.

KLARA. Mir scheint, das tust du.

ROBERT. Und wenn! Und wenn mir daran liegt, ganz genau zu wissen, was ich an ihr habe, an der Gesundheit — an dem, — spielen wir nicht mit Worten, an dem *Glück*. Hab ich überhaupt noch eines? Es ist mir unter den Händen zerronnen. *(Zieht die Uhr, steckt sie wieder ein, ohne sie angesehen zu haben.)* Unser Eid, Kläre, unser Eid! Nichts verheimlichen, nichts vertuschen. Du weißt, daß er dich liebt, dich vergöttert. Du malst dir das Leben aus, das du an seiner Seite führen würdest...

KLARA. Du irrst! Das habe ich nie getan.

ROBERT. Du wirst es tun. Laß ihn erst fort sein, laß erst die Phantasie, die das Schöne noch verschönt, an die Stelle der Wirklichkeit treten, über die doch immer ein Schatten der

Bitternis gleitet, an der doch immer ein Erdenstäubchen hängt. Laß erst das Leben wieder recht einförmig werden neben dem Mann, dem Justizbeamten, der oft wochenlang nichts im Kopf hat als seine Verbrecher. In den guten Tagen, in denen ich doch manchmal einen Vorwurf von dir zu hören bekam — jetzt findest du mich immer tadellos —, sagtest du, wenn ich abends heimkam, zerstreut und müd und dumm: Ich hab abgewirtschaftet, ich interessiere dich nicht mehr; um dich zu interessieren, muß man eine Familie ermordet oder wenigstens einen Einbruch verübt haben... Und hattest du nicht recht? Ein solcher Mann, das ist dein Umgang, und im übrigen ehrsame Honoratioren, die dir nichts und denen du nichts zu sagen hast, und kein rechter Kunstgenuß und kein rechtes geistiges Leben und nichts, woran du gewöhnt warst, seitdem du atmest... Leugne das! Leugne, daß es dir abgeht; leugne, daß Oswald alles das mit sich brachte, daß er dich durch seine bloße Nähe in die Atmosphäre versetzte, in der du aufgewachsen bist — in die *deine* — deine eigentliche...

KLARA. Du weißt, ob ich mich in ihr glücklich gefühlt habe, ob ich in den kleinen menschlichen Sonnen, die täglich bei uns aufgingen, nicht Flecken sah, die mir die Freude an ihnen verdarben. So viel Eitelkeit, Neid, Mißgunst...

ROBERT *(hat, ohne sie anzuhören, vor sich hingestarrt. Auffahrend aus seinen Gedanken).* Wenn das Kind nicht hätte sterben müssen; wenn das Kind noch da wäre! ... Laß ihn nur fort sein, und die Sehnsucht wird erwachen, und du wirst neben mir hergehen, und wir werden äußerlich leben wie früher, und die fürchterliche Trennung, die Trennung der Seelen, wird zwischen uns vollzogen sein... Kläre, ich sage dir, wenn ich die Überzeugung hätte, daß du mit ihm glücklich werden kannst — ich würde dich freigeben.

KLARA *(langsam).* Du würdest mich freigeben?

ROBERT. Ich *glaube*, ich würde dich freigeben. Wenn mir einer die Überzeugung verschaffen könnte... Ja, ich *glaube,* ich wärs imstande. Nur sicher sein müßt ich: Sie wird, was früher war, vergessen — die matte, fade Episode...

KLARA. Was sagst du? Wie nennst du unsere Ehe?

ROBERT *(mit heftiger Erregung, die er mit äußerster Mühe zu verbergen sucht).* Die matte, die fade Episode in ihrem Leben vergessen, zurückkehren in ihr Element und aufblühen in einem echten Glück... Aber wer verbürgt mir das? Wer steht mir gut dafür, Kläre, daß die Erinnerung sterben wird, daß sie nicht kommen wird grau und abscheulich und Asche streuen wird auf deine helle Freude, immer dichter, immer dichter, bis sie erlischt unter dem fahlen Staub? Die Erinnerung an eine lächerliche Figur, an einen entsagenden Mann, der in unsere Zeiten paßt, wie der edle Brackenburg in sie passen würde.

KLARA *(mit gewaltsamer erzwungener Heiterkeit).* Höre, Brackenburg, wenn du nicht bald gehst, dampft Egmont ab mit der Eisenbahn.

ROBERT. Noch immer Humor; aber kein guter. *(Nimmt seinen Hut, wendet sich der Tür zu.)* Leb wohl, Kläre *(ab).*

KLARA *(allein, sieht ihm eine Weile nach; dann halblaut, in abgebrochenen Sätzen).* Kein guter, nein... da hat er recht... und hat in allem recht. *(Setzt sich auf das Ruhebett, legt den Kopf auf das Kissen. Lange Pause.)* Wie leben jetzt? ... Daß mir das begegnen mußte, mir! Wie leben jetzt? Aus! aus! Sag dir: Es ist aus! *(Sie steht auf, schreitet langsam durch das Zimmer. Die Hausglocke erschallt. Klara horcht auf.)* Besuch? Nur jetzt kein Besuch... *(tritt an den Sofatisch. Im Vorzimmer wechseln eine Männer- und eine Frauenstimme einige Worte. Die Tür wird geöffnet).*

OSWALD *(tritt ein. Begrüßung).* Gnädige Frau —

KLARA. Sie?

OSWALD. Ich. Entschuldigen Sie — nur ich. Ist Robert schon fort? Schon nach dem Bahnhof gegangen?

KLARA. Schon nach dem Bahnhof gegangen. Ja.

OSWALD. Ich bedaure wirklich... Ich hoffte, noch zurecht zu kommen, um ihm zu sagen, daß ich erst am Abend reise. *(Mit etwas ironischem Bedauern.)* Nun wartet er auf mich bis zum Abgang des Zuges, wird besorgt sein und gewiß zu mir eilen ans andere Ende der Stadt —

KLARA. Den Weg hätten Sie ihm ersparen können und auch die Sorge.

OSWALD. Er verzeiht mir gewiß, er ist so gut.

KLARA *(auf der Defensive, gereizt)*. Ja, er ist gut. Die meisten Menschen, die seelenstark sind, sind auch gut. Das hat Gott so eingerichtet.

OSWALD. Gott?

KLARA. Gott.

OSWALD. Nun ja, die Engel glauben an Gott.

KLARA. Es glauben auch noch andere an ihn.

OSWALD. Sie meinen das Widerspiel der Engel.

KLARA. Ich meine das Widerspiel der Engel.

OSWALD. Also auch Lucifer — oder der Lichtbringer.

KLARA. Lieber Freund, Sie bedauern, Robert nicht hier zu finden — gehen Sie ihm entgegen, gehen Sie wenigstens nach Hause und erwarten Sie ihn dort.

OSWALD *(entschlossen)*. Erlauben Sie mir, ihn hier zu erwarten, bei Ihnen... allein bei Ihnen... Einen solchen Augenblick habe ich vergeblich ersehnt die ganze Zeit hindurch.

KLARA *(steht auf)*. Wahrhaftig? ... Und Sie führen ihn herbei — nachdem wir schon Abschied genommen haben — Sie führen ihn auf die ehrlichste Art herbei.

OSWALD. Ehrlich? ... Gnädige Frau — sind Sies? Sie scherzen, Sie spötteln, Sie suchen ruhig zu scheinen, aber Ihnen bebt das Herz wie mir; Sie wissen so gut wie ich, daß dieser Augenblick kommen mußte, und daß es nicht ein Augenblick für kleinliche Bedenken ist, sondern für eine große Entscheidung.

KLARA. Ich habe Ihnen gestern Lebewohl gesagt.

OSWALD. Und geglaubt: jetzt ist alles aus? wirklich geglaubt? ... *(Vorwurfsvoll.)* Sie haben mich zum Erschrecken wenig kennen gelernt. Wissen Sie nicht, daß ich Sie liebe? ... Wissen Sie nicht, daß ich noch nie verzichtet habe? ... Nie!

KLARA *(gedehnt, ein wenig zurückweichend).* S—o?

OSWALD. Nein, Frau Kläre, noch nie! Ich habe, die ich begehrte, immer errungen und keine noch begehrt wie Sie mit solcher, nicht blinder, nein, mit hellsehender Leidenschaft! Bis jetzt, sehen Sie, war der Gedanke an die Ehe mir wie ein Gedanke ans Grab. Heiraten, lächerlich!

KLARA *(wie früher).* S—o?

OSWALD. Einem Weib Rechte über mich geben und, weil ich ihr die gegeben habe und sie in diesem Besitz gewiß schädigen werde, mich als ihr Schuldner fühlen, am Ende noch Mitleid mit ihr empfinden... dafür meine Freiheit aufgeben? Stupid, stupid!

KLARA. S—o?

OSWALD. Ja, so dacht ich. Keine Frau ahnt, was ihr der Mann opfert mit seiner Freiheit. Mehr als Macht und Ruhm, Straflosigkeit und — man ahnt nicht, wie innig das zusammenhängt — Gewissensruhe. Absolute Freiheit ist absoluter Frieden. Der seine Freiheit bei kaltem Blute opfert, ist ein Schurke oder ein Narr. Ich tue es nicht, wenn ich Ihnen sage: werden Sie meine Frau — ich tue es nicht, es hat sich selbst getan. Von der Stunde an, in der ich Sie fand, hatte ich keine Freiheit mehr, ich stand vor dem Überwältigenden, dem Wunder, ich stand vor Ihnen. Alle meine Überzeugungen, Vorsätze, Pläne — nur noch Trümmer, alle meine Zukunftsträume — Trümmer, mein Leben ein verlorenes, wenn ich Sie nicht erringe, Frau Kläre.

KLARA *(immer bemüht, ihren forcierten Humor beizubehalten).* *Frau* — das ist es eben, daran denken Sie nicht bei Ihrer Werbung.

OSWALD. Gewiß nicht wie an ein unüberwindliches Hindernis. Wir finden einander um einige Jahre später, als wir uns hätten finden sollen, einige Jahre des Glückes sind uns geraubt; aber wir haben die Gegenwart und eine Zukunft, die ewig Gegenwart sein wird für unser täglich neugeborenes Glück.

Das fühlen auch Sie. *(Abwehrende Bewegung Klaras.)* Sie fühlen, Sie wissen es, Frau Kläre, Ihre Augen sind aufrichtiger als Ihre Lippen, Ihre Augen haben den meinen schon oft geantwortet, wenn ich fragte: Was war deine Ehe, du herrliches Weib? Was war, was du für Liebe hieltest? ... Ach, was war überhaupt die ganze Vergangenheit, die Ihre und die meine? Ein Fristen, ein Suchen, und was sie an Freuden brachte — schattenhaft... Jetzt erst beginnt für uns das Leben!

KLARA *(entzieht ihm ihre Hand, die er ergriffen hat).* Nein — *(tonlos)* es endet.

OSWALD. Klara! Klara! *(Er reißt sie mit Gewalt an sich, hält sie an seine Brust gepreßt und küßt sie.)*

KLARA *(hat sich losgemacht, eilt zur Mitteltür. Die Hand auf der Klinke, verwirrt und schweratmend).* Das war schlecht, dazu habe ich Ihnen nie die geringste Berechtigung... ich habe nie — nie...

OSWALD *(starrt sie leidenschaftlich an).* Klara, *wenn* ich wollte, wenn ich Sie einem Augenblick des Rausches, der Überraschung verdanken wollte, nicht Ihrer freien Entschließung... *(Sich fassend. Immer ruhiger, endlich schmeichelnd, mit scherzender Bitte.)* Lassen Sie doch die Klinke los! Kommen Sie fort von der Tür... Kommen Sie... Sie werden sich doch nicht vor mir retten lassen wollen durch Ihre Dienerin? ... Was fürchten Sie?

KLARA *(tritt langsam vor).* Nicht Sie, nicht mich. Aber eines von uns beiden verläßt dieses Zimmer... Wenn Sie mich nicht hinwegtreiben wollen — gehen Sie selbst.

OSWALD *(fragend, lächelnd).* Sie weisen mich also fort?

KLARA. Ich weise Sie fort.

OSWALD. Ich aber bleibe, verzeihen Sie mir. Ich werde, was ich will, erreichen, Ihnen zum Trotz — Ihnen zuliebe... Ich werde Robert erwarten.

KLARA. Wahnsinn... Was wollen Sie von ihm?

OSWALD. *Sie!* ... Weichen Sie nicht zurück, nur keine Angst vor mir — ich bin bei Sinnen. Ich will so ruhig zu ihm sprechen wie ein fischblütiger Advokat. Ich will ihm sagen: Schwärmerischer Freund der Wahrheit, ist dir nie eingefallen, seitdem du deine Frau heimgeführt hast, daß sie ein anderes Los verdient und braucht, als du ihr zu bieten hast?

KLARA. Darauf kann ich Ihnen antworten. Die Frage hat er gestellt, aber zu meiner Beschämung.

OSWALD *(rasch)*. So mag der Adler sich schämen, daß er nicht im Sumpf wohnen kann.

KLARA *(mit Entrüstung)*. Sumpf?

OSWALD. Ja doch! Die Langeweile ist ein Sumpf, und gestehen Sie, daß Sie sich langweilen in diesem Provinzneste, inmitten dieses Provinzpopanzentums von verknöcherten Pfahlbürgern und verbittertem Beamtenvolk... Nun denn, ich will ihm sagen: Wohl dir, wohl uns, wenn du einsiehst, daß diese Frau hier verkümmert, daß sie in eine andere Welt gehört und an die Seite — nein, nein! in die Arme, ans Herz eines anderen... *(sie will sprechen, er kommt ihr zuvor)* als du bist, der sich in ihr Leben gedrängt hat.

KLARA. Er hat sich nicht in mein Leben gedrängt.

OSWALD. Nicht auf unbescheidene Art. Ich weiß, wie es gekommen ist. Ich seh alles mit Augen. Ihr glänzendes Elternhaus, ein weltberühmter Mann sein Mittelpunkt, umringt von kleinen Berühmtheiten, die herbeigeströmt sind von nah und fern, die danach geizen, sich rühmen zu dürfen: ich habe den großen Gelehrten gesprochen, ich habe seine bezaubernde Tochter gesehen. Und hatte dann einer die Kühnheit, um die Vielgefeierte zu werben, da suchte Ihr klares, scharfes Auge nach einer Spur eigennütziger Zwecke unter dem Schein begeisterter Hingebung, glühender Liebe. Abseits aber stand einer, der nicht warb, es nicht wagte, der sein Herz in die Hand nahm, und der liebte schweigend, hoffnungslos *(mit leisem Spotte)* und so heiß, wie ein würdiger Justizbeamter nur irgend zu lieben vermag.

KLARA. Spotten Sie nicht. *(Sie ist zum Sofa getreten, setzt sich, stützt den Ellbogen auf den Tisch und die Wange auf die Hand.)*

OSWALD. Er errang den hohen Preis. Und ich — *(schlägt sich vor die Stirn).*

KLARA. Sie?

OSWALD. Ließ es geschehen.

KLARA. Was heißt das?

OSWALD *(rückt ein Taburett in die Nähe des Sofas, setzt sich).* In den Tagen des Leidens hatte er geschwiegen, seine überschwängliche Seligkeit löste ihm die Zunge. Er sprach von Ihnen — Sie können denken, in welcher Weise — und wünschte «seine beiden liebsten Menschen» — Sie und mich — miteinander bekannt zu machen. Ich aber habe ein Vorurteil gegen Idole. Und — denken Sie! ... ich hatte Sie einmal gesehen, flüchtig in Rom — im Vatikan — mein Begleiter hatte mich aufmerksam gemacht auf den berühmten Gelehrten aus Wien und auf seine schöne Tochter — und denken Sie! Denken Sie... Sie hatten mir nicht gefallen...

KLARA. — flüchtig — in Rom im Vatikan? Uns machte ein junger Arzt auf den berühmten Parlamentarier aus Wien aufmerksam und — denken Sie! Denken Sie! Mir gefiel er ganz gut.

OSWALD. Sagen Sie mir das, seien Sie grausam! Verdien ichs besser? Ohne mein verfluchtes Vorurteil, ohne einen Augenblick der Blindheit, wären Sie mein geworden — kampflos. *(Entschlossen.)* Nun aber ist der Kampf da, und wir werden ihn bestehen.

KLARA. Den Kampf nicht, den Sie meinen. Einen anderen. Wir werden scheiden.

OSWALD. Ich glaube nicht.

KLARA. Lassen Sie sich kein zweites Mal verabschieden...

OSWALD. O — Sie zürnen mir. — Ja, ja, ich verdien auch das... Ich habe mich hinreißen lassen, habe vergessen, daß Sie auf

Knien verehrt werden wollen... Nun denn, ich bereue... Kann man mehr tun als bereuen? ... Ich bereue und bete an... Bete die Frau an, durch die das Wunder sich an mir vollzogen hat. *(Senkt, ohne seinen Platz zu verlassen, ein Knie zu Boden.)*

KLARA. Was für ein Wunder denn?

OSWALD. Darf ich beichten? Ich möchte so gern. *(Kommt ihrer Antwort zuvor.)* Die Frauen haben eine große Rolle in meinem Leben gespielt, sie haben kaum je mein Herz, meine Phantasie unbeschädigt gelassen. Aber *nie*, verstehen Sie wohl, *nie!* hat eine Frau Einfluß auf meine Entschließungen, mein Tun und Lassen genommen. Ich bin einer Frau zuliebe nie um die Breite eines Haares von dem Weg abgewichen, den ich mir vorgezeichnet hatte — dem Weg, der zu meinen ehrgeizigen Zielen führt. Das verheißungsvollste Stelldichein mit einem schönen Weibe und die lästigste Audienz bei einem maßleidigen Vorgesetzten — so bitter die Wahl —, ich habe nie geschwankt. Ich will und wollte nur eines: zur Macht gelangen...

KLARA. Aber das Wunder?

OSWALD. Das vollbrachten Sie. Um Ihretwillen bin ich, statt eine langersehnte Erholungszeit an der Riviera zuzubringen, in diesem Städtchen sitzengeblieben... habe wichtige Zusammenkünfte mit meinen Parteigenossen versäumt... sie vergeblich auf mich warten lassen, ihnen nicht Wort gehalten, ich! — für diese Leute die Verkörperung der Zuverlässigkeit... Ermessen Sie die Gewalt der Anziehung, die Sie auf mich ausüben, und gegen die ich mich ja aufbäume...

KLARA *(legt die Hand auf seinen Arm)*. Und die wir besiegen werden.

OSWALD. Versäumt! Versäumt! ... *(Sieht sie an.)* Ein Zufall, ein kleiner, unbedeutender, ein Kind von einem Zufall — die Verspätung eines Eisenbahnzuges, ein unerwartetes Zusammentreffen mit Ihnen und Robert und sein gutmütiges Entzücken, sein Drängen: du wartest nicht auf dem Bahnhof, du wartest bei uns, du bleibst ein paar Stunden, noch besser, ein paar Tage. Und ich, der bei Ihrem Anblick wieder dachte: wodurch bezaubert diese Frau alle die ihr nahen? ... Ich Narr!

Sie sprachen, ich hörte Ihre Stimme zum erstenmal. Man hat Ihnen gewiß schon oft gesagt, was in dem Klang Ihrer Stimme liegt, welche liebliche Tiefe, welch melodische Heiterkeit. Sie umschmeichelt, sie beherrscht...

KLARA. Ich will weder schmeicheln, noch beherrschen.

OSWALD. Sie tun es! Je unbewußter, je siegreicher. Leugnen Sie, wenn Sie dürfen, daß Sie *wußten*, was Sie mir wurden. Mehr von Tag zu Tag — alles! Leugnen Sie, daß ich ohne Einfluß auf Sie geblieben bin... Sehen Sie mir in die Augen und leugnen Sie. *(Er legt sanft und leicht den Arm um sie.)* Geliebteste, die Vollendung Ihres Wesens liegt in dem meinen, die des meinen in dem Ihren.

KLARA *(macht sich los und rückt weiter fort von ihm).*

OSWALD. Sagen Sie! Haben Sie sich nie herausgewünscht aus der Tretmühle Ihres Kreises in die Freiheit? Die Freiheit, alles zu genießen, was das reiche Leben einer reichen Natur bietet? Haben Sie sich nie danach gesehnt, ganz leise, ganz uneingestanden? Was jeder höhere Mensch anstrebt, ist Vollendung, und das höchste Glück ist die höchste Vollendung. Jeder Schmerz, jedes Leid, jede Sehnsucht ein Mangel.

KLARA *(schüttelt den Kopf).* Rhetorik, lieber Freund, sophistische Rhetorik.

OSWALD. Wie kalt Sie sich stellen können! Stellen — *(küßt ihre Hand).* Ihre Hand zittert unter meinen Lippen... Da, auf Ihren Wangen glühen dunkle Flecke... süße, verräterische Rosen... Vielgeliebte! *(will sie küssen, sie weicht aus.)* Sie beseligen und quälen! Sie beseligen unbewußt und quälen wissend. Grausam — nicht bloß gegen mich... *(Bricht aus.)* Ein Unrecht ist an uns begangen worden, und Sie setzen es fort. Sie sind doch eine schwache Frau! Gut denn, ich werde stark sein für uns beide. Der zwischen uns steht, muß weichen.

KLARA. Das soll er nicht.

OSWALD. Wir wollen sehen. Außer — Sie verraten mich.

KLARA. Verraten?

OSWALD. In seiner Gegenwart... Wenn Sie mir nicht widersprechen... Klara, ich fordere von Ihnen kein Tun, nur ein Lassen... Werden Sie nicht mitleidig, wehleidig für einen anderen. Sie sind es ja nicht für sich selbst. Und wenn er jammern sollte...

KLARA *(sieht ihn groß an).*

OSWALD. — um das Glück, das ich ihm rauben will und das sich ihm rauben läßt...

KLARA. Er wird nicht jammern.

OSWALD. Toben also?

KLARA. Er wird auch nicht toben.

OSWALD. Bleibt also nur grandiose Resignation. Eine schöne Rolle. Napoleon auf dem Felsen von St. Helena...

KLARA *(wie früher).* Sie hassen ihn.

OSWALD. Ich hasse ihn, wie ich Sie liebe, ich hasse ihn, diesen Verweichlicher des Rechts, diesen Billigkeitsritter, der mir so klein vorkommt, so klein! Und mit dem ich um ein höchstes Gut ringen muß...

KLARA. Wie sprechen Sie von ihm, und wie hat er von Ihnen gesprochen.

OSWALD. Hat er mich gelobt? ... Er war klüger als ich... ich spreche wie ein Berauschter. Warum berauscht mich Ihre Nähe? Man ist nicht klug im Rausche, man vergißt, sich auf den Edlen zu spielen...

KLARA. Wie denkt er von Ihnen, und wie denken Sie von ihm!

OSWALD. Nach Gebühr. Er ist er, und ich bin ich.

KLARA. Respekt vor Ihrer Superiorität — Schonung für den Freund, der sie anerkennt, obwohl...

OSWALD. Obwohl ich die Hand nach seiner Frau ausstrecke und er es weiß? ... Frau Kläre, er weiß auch, daß wir beide mehr aneinander gewinnen, als Sie und er aneinander verlieren; er weiß, wo für Sie das reichere Glück blüht. Er weiß, er sieht, und Sie wissen nicht. Sie sehen nicht. Kläre, ich habe manche geringgeschätzt, weil sie mir zu sehr entgegenkamen — *Sie* würd ich geringschätzen, wenn Sie sich mir entzögen! Es wäre ein Verbrechen an Ihnen, an mir — dieses feige, niedrige Verzichten... Wozu sind wir mehr als Tausende und Tausende, wenn wir den Weg der Tausende gehen? Den breiten, bis zum Ekel mit Füßen getretenen Weg des Herkömmlichen...

KLARA. Man nennt ihn auch den Weg der Pflicht.

OSWALD *(lacht bitter auf).* Und der Moral — und wie gesagt, die Blinden, die Tauben, die Stumpfen gehen — die große Masse, die getriebene Herde geht ihn. Wir aber sind frei: unser Wille ist unsere Moral, und wenn Sie von Pflicht sprechen, wenn Ihr Herz an dem Ausdruck hängt: Unser Glück ist unsere Pflicht.

KLARA. Und das Glück der anderen? Wenn wir unser Glück nur auf Kosten des Glückes anderer erkaufen können?

OSWALD. Dann — bezahlen wir. Sie sind eine schöne Frau und wissen nicht, daß leiden machen Glück ist?

KLARA. Ich erinnere mich dunkel vergangener Tage, in denen eine diesem Glück verwandte Empfindung sich in mir geregt hat. *(Mit feinem Spotte.)* Es waren die Tage der Unreife — das Herz hat auch seine Flegeljahre. *(Steht auf.)* Ich bin draußen. *(Sie geht an ihm vorüber, er springt auf.)* Mein armer Freund, Sie reisen um einen Tag zu spät. Wären Sie gestern davongefahren, Sie hätten meine Illusionen mitgenommen. Jetzt liegen die alle hier herum — ein verwelkter, zerpflückter Blumenstrauß.

ROBERT *(tritt rasch ein, bleibt an der Türe stehen, sieht abwechselnd seine Frau und Oswald mit zornfunkelnden Augen an).* Natürlich... während man mich spazieren schickt. *(Bewegung Klaras.)* Nicht du — der.

OSWALD *(höhnisch und bitter).* Spazieren schickt? Nicht dich, sondern mich. *(Zu Klara.)* Sagen Sie ihm alles. Ich warte.

ROBERT. Du wartest noch?

OSWALD. Ich will mich finden lassen, weißt du.

ROBERT. Ja so, jetzt versteh ich dich. Aber ich habe ja, wie ich sehe, gar keinen Grund... Reise in Frieden, lieber Sohn.

OSWALD *(zu Klara mit echtem Schmerz).* Leben Sie wohl! Ich habe mich in Ihnen geirrt. Ich habe einen furchtbaren Fehler begangen, ich habe Sie zu überzeugen versucht, und Frauen überzeugt man nicht, man überrascht und erobert sie. *(Tritt näher zu ihr, leise.)* Frau Kläre, es war ein Augenblick, wenn ich den benützt hätte... Leben Sie wohl! *(Er geht.)*

Eine Pause.

ROBERT *(mit verbissenem Ingrimm).* Da hasts dus. Ich bin doch kein entsagender Mann — da hast dus nun.

KLARA *(am Fenster).* Höre, Robert, der dort über die Straße geht, dunkel wie eine Gewitterwolke, der hat mir sehr gefallen. *(Tritt auf ihn zu, wirft sich in seine Arme.)* Dich aber lieb ich.

ROBERT. Das war wieder wie einst.

KLARA. Wie es einst gewesen ist und wieder sein wird und immer.

ROBERT. Was hat er dir zugeflüstert? Etwas von einem Augenblick.

KLARA. Robert — er hat mich geküßt... das verzeihst du nie! *(Schlingt die Arme um seinen Hals, drückt das Gesicht an seine Brust.)* Du wirst die Schmach...

ROBERT *(faßt ihren Kopf mit beiden Händen, hebt ihn empor)* Wegbrennen. *(Er küßt sie.)*

AM ENDE.

SZENE IN EINEM AUFZUG (1895)

Liebe ist Qual, Lieblosigkeit ist Tod.

(Marie von Ebner-Eschenbach, *Aphorismen* 33)

Am Ende

Szene in einem Aufzug

Personen:

Fürst Erwein Seinsburg
Fürstin Klothilde Seinsburg
Fräulein Zedwin
Kammermädchen
Kammerdiener
Ein Livreediener

Dekoration:

Orangerie in Verbindung mit den Zimmern des Erdgeschosses. Glaswände. Eingänge zu beiden Seiten; in der Mitte große, offenstehende Flügeltür. Aussicht auf den Garten. Gruppen von Orangenbäumen, Palmen, Araukarien, Blattgewächsen. Rechts ein Etablissement, bequeme Möbel mit Strohgeflecht; links ein gedecktes Tischchen, daneben ein Fauteuil mit Fußbank.
In der Ferne verhallender Kirchengesang. Schluß des Meßliedes. Die Fürstin kommt, begleitet von Landleuten und Armen. Sie spricht lebhaft mit ihnen, einige entfernen sich lachend, die andern dankend. Kammerdiener und Kammermädchen, gleichfalls aus der Kirche kommend, sind vorangegangen, erwarten die Fürstin an der Tür und folgen ihr, wenn sie eintritt. Sie trägt einen einfachen Anzug, der die Mode nur markiert: dunkelgraues Foulardkleid, ein weißes Spitzentuch, eine Sommerkapotte. Kammerdiener nimmt ihr das Gebetbuch und den Sonnenschirm, Kammermädchen den Hut ab. Klothilde setzt sich auf einen Gartensessel mit runder, niederer Lehne rechts. Kammermädchen glättet ihr die Haare, stülpt ihr die Haube auf.

KAMMERMÄDCHEN. Durchlaucht brauchen wirklich keine Haube bei der Hitze. Haben noch so schöne Haare.

KLOTHILDE. So schön weiße. Setzen Sie mir meine Haube nur auf, wenn nicht zu Ehren einer Glatze, zu der meiner sechzig Jahre.

Susanne Kord

KAMMERMÄDCHEN *(reicht ihr einen Handspiegel).* Ich bitte, Durchlaucht.

KLOTHILDE *(ablehnend).* Ich danke, mein Fräulein. Ich verlasse mich auf Ihre Kunst. Nicht immer mit Recht. Gestern zum Beispiel, habe ich den ganzen Tag das Gefühl eines Mangels an Gleichgewicht gehabt, und, wie ich abends an einem Spiegel vorübergehe, seh' ich, daß meine Haube auf dem linken Ohr sitzt!

KAMMERMÄDCHEN. Da muß sie — gerade gerutscht sein…

KLOTHILDE. Das heißt — schief ist sie gerutscht. Entgleisung. Jenun, so etwas kommt nicht nur bei Hauben vor.

KAMMERDIENER (hat das Frühstück gebracht, disponiert alles, auch eine Anzahl Briefe, mit äußerster und prätentiöser Sorgfalt auf dem Tische links).

KLOTHILDE *(hinzutretend).* Briefe?

KAMMERDIENER. Geschäfts-, Bettel-, Familienbriefe. *(Mit freudig verklärtem Gesicht.)* Von Gräfin Ernestine, von Fürst Erwein!

KLOTHILDE. Gute Kinder! Kein Tag ohne einen Gruß an die Mama. *(Wägt einen der Briefe in ihrer Hand.)* Der ist von meiner Tochter.

KAMMERDIENER *(mit bedauerndem Achselzucken).* Strafporto.

KLOTHILDE. Natürlich und Gottlob. Mein Sohn macht's kürzer. Auch natürlich. Wenn man im Lager ist, mein Herr Major, mein lieber, alter Junge. *(Öffnet den Brief, will lesen.)* Anna, meine Brille. *(Kammermädchen bringt eine große Hornbrille mit runden Gläsern. Entlassender Wink. Kammermädchen nimmt den Hut und das Spitzentuch und geht ab.)*

KAMMERDIENER. Fräulein Zedwin hat angefragt, wann sie kommen darf, die Zeitungen vorlesen.

KLOTHILDE. Steht etwas Interessantes drin?

KAMMERDIENER *(verschämt).* O — Durchlaucht! — —

96

KLOTHILDE. Genieren Sie sich nicht, — ich weiß ja, wer meine Zeitungen zuerst liest und gönne Ihnen diese Priorität. Nun, Herr Politiker? …

KAMMERDIENER. Durchlaucht — Krieg in Amerika, Krieg in Afrika — Wahlbewegungen — Grubenbrände… Arbeiterstrike…

KLOTHILDE *(bedeckt einen Augenblick das Gesicht mit den Händen).* Schrecklich! Schrecklich! — Die Sendungen nach Ostrau sind doch fort?

KAMMERDIENER. Gestern, Durchlaucht. — Das Fräulein darf kommen — —

KLOTHILDE. Um Zwölf… Warten Sie! — um halb Eins. Auch noch Zeit, von dem Elend in der Welt zu hören.

KAMMERDIENER. Zu Befehl, Durchlaucht. *(Ab.)*

KLOTHILDE *(allein. Sie hat die Brille aufgesetzt. Liest; gießt Tee in ihre Tasse, nimmt ein paar Löffel und liest wieder.)* "Hoffentlich geht es dir gut, gute, gute Mama…" — Eins, drei, fünf Ausrufungszeichen. Wie kleine Reitpeitschen. — "Mir ausgezeichnet. Rasend zu tun. Küsse hunderttausendmal deine Hände. Dein treuer Sohn." — Treu, ja, ja — mir wenigstens… Und nun du, mein Sonnenkind. *(Öffnet den zweiten Brief. Vier dicht beschriebene Blätter.)* Da ist ein Herz voll Liebe wieder einmal übergegangen. *(Streichelt den Brief, legt ihn auf ihren Schoß, ißt und trinkt.)* O Jugend, du glückselige, du reiche! — wie schön ist's, jung zu sein! … Aber alt zu sein — wie bequem! *(Sie lehnt sich behaglich in ihren Sessel zurück; liest.)* "Einzige, Angebetete" *(lächelt).* Nun ja, nun ja, die erste Seite darf ich nie lesen — aus Bescheidenheit. *(Wendet.)* "Sei nur nicht bös… Du hast Überraschungen nicht gern, — verzeih!" … Wenn sie gar so innig um Verzeihung bittet, hat sie immer etwas Allerliebevollstes im Sinn. *(Rasch.)* Sie schickt mir einen meiner Enkel… kommt vielleicht selbst.

KAMMERDIENER *(kommt eilig, verstört).* Durchlaucht — ein Besuch…

KLOTHILDE *(freudig).* Eines der Kinder? oder…

KAMMERDIENER *(stimmlos)*. Durchlaucht — der Fürst Seinsburg...

KLOTHILDE *(springt auf)*. Mein Sohn! *(Besinnt sich.)* Unmöglich — er ist ja im Lager!

KAMMERDIENER *(immer noch außer Fassung)*. Durchlaucht, es ist nicht — es ist... Er hat seine Karte — — *(Überreicht eine Visitenkarte.)*

KLOTHILDE *(wirft einen Blick darauf; konsterniert)*. Mein Mann!

KAMMERDIENER *(wie früher)*. Seine Durchlaucht fragen, ob Ihre Durchlaucht...

KLOTHILDE *(nach einer Pause, mit Selbstüberwindung)*. Sie will es — das Kind will es... und auch mein alter Junge... Ich weiß ja — Euer innigster Wunsch... Nun denn, Euch zuliebe. Ich lasse bitten. *(Kammerdiener ab. Klothilde setzt sich, legt die Brille auf den Tisch.)*

ERWEIN *(kommt. Eleganter, jugendlicher Reiseanzug. Haare und Bart gefärbt. Etwas zu enge, lichtbraune Schuhe. Er bleibt einen Augenblick zögernd an der Tür stehen. Für sich)*. Traurig verändert; eine Greisin. Ja die Frauen! — vergängliche Gebilde. *(Tritt langsam, mit gespielter Unbefangenheit auf Klothilde zu. Verneigung.)* Fürstin...

KLOTHILDE. Fürst Seinsburg...

ERWEIN *(ratlos, wie er das Gespräch einleiten soll)*. Meine Tochter, von der ich komme, trägt mir auf... sie hat mich gebeten...

KLOTHILDE. Gewiß auch mich — in diesem Briefe. Ich habe ihn noch nicht gelesen. *(Sehr unsicher.)* Setzen Sie sich; Sie sind vielleicht müde von der Reise?

ERWEIN. Müd' — ich? Nie! Aber mit Ihrer Erlaubnis. *(Setzt sich auf einen Sessel rechts.)*

KLOTHILDE *(sieht ihn fortwährend aufmerksam an, was ihn in Verlegenheit setzt)*. Wie jung Sie geworden sind in den vielen Jahren! — Zwanzig und einige drüber...

ERWEIN *(gereizt)*. Ich durchlebe die Jahre, ich zähle sie nicht. — Meine Tochter meint, daß ich mir erlauben dürfe... *(sucht nach Worten, findet sie nicht)* einmal einige Augenblicke — auf der Fahrt nach Paris...

KLOTHILDE. Sie fahren also immer noch nach Paris? Nicht zum Perruquier, wie ich mit Vergnügen sehe, — aber — aber — zum Coiffeur!

ERWEIN *(zieht sein Taschentuch, wischt sich die Stirn, auf der einige schwarze Streifen entstehen)*. Es ist eine Hitze in diesen Waggons!

KLOTHILDE. Und in diesen Herbsttagen, die sich auf die Hundstage spielen... Den Parfümeur besuchen Sie auch. Da werden neue Vorräte gemacht. Und ich, denken Sie, ich kann Parfüms noch immer nicht leiden!

ERWEIN *(steckt das Taschentuch rasch ein)*. Schade; ein Genuß weniger.

KLOTHILDE. Was liegt dran? Man hat ihrer im Alter so viele —

ERWEIN. Viele? ... Das Neueste. Sie waren immer originell.

KLOTHILDE. Den Anspruch habe ich aufgegeben, wie jeden andern. Von den aufgegebenen Ansprüchen kommen die Genüsse. Und mehr noch! Ein Anspruch zieht zur Tür hinaus, — ein Glück fliegt zum Fenster herein. So wird das Alter — das schönste Alter. — Darf ich Ihnen eine Tasse Tee antragen?

ERWEIN. Ich danke, ich habe gefrühstückt. *(Kleine Pause.)*

KLOTHILDE. Nach Paris also. Ja, die Pariser Cosmetiques! Sie haben so viel Anhänger wie die falschen Propheten. Glauben Sie mir oder nicht, Sie gebrauchen da eine Sorte, — die bekämen Sie in Lundenburg auch.

ERWEIN *(nicht verstehend)*. Sorte? Lundenburg?

KLOTHILDE. Neben Ihnen liegt ein Spiegel. Bitte, bedienen Sie sich.

ERWEIN *(hält den Spiegel vor, anfangs nah, dann immer weiter und weiter. Im ersten Augenblick bestürzt. Nimmt dann die Sache mit Humor).* Man ist doch recht schlecht bedient... Empfehlung meines Kammerdieners, da die Nachhilfe aus Paris anfing zu verblassen... Ich bitte um Entschuldigung. *(Steht auf. Ein Schmerz im Fuße macht ihn zusammenzucken.)* — Wo könnte ich Waschwasser...

KLOTHILDE. Sie finden alles, was Sie brauchen, in den Zimmern meines Sohnes, den Zimmern rechts.

ERWEIN. Da? — dort? Links?

KLOTHILDE *(vor sich hin).* Schwerhörig ist er auch geworden. *(Etwas lauter.)* Die Stiege hinauf, dann *(mit Handbewegung)* nach rechts.

ERWEIN. Danke, danke! *(Ab nach rechts.)*

KLOTHILDE *(allein).* Wie habe ich den Mann geliebt — und was ist aus ihm geworden, was haben sie aus diesem brillanten, unwiderstehlichen Seinsburg gemacht, diese... *(Unterbricht sich jäh. Lächelnd.)* Wenn ich ihn doch aus seinen ledernen Fußangeln befreien könnte! Ich weiß nicht, kommt es nur von der Chaussure, aber sehr vergnügt sieht er nicht aus, der arme Freudenjäger. *(Setzt die Brille auf, liest eine Weile in dem Brief ihrer Tochter.)* Du braves Kind, wie zärtlich und — wie klug! Wie bemüht, mein Mitleid zu erwecken. O Kind, das Mitleid ist schon wach: Geschminktes Alter, trauriges Alter! *(Liest.)* "Dieser arme Papa, er hat herbe Enttäuschungen erlitten." *(Gesprochen.)* Ja, ja — davon hört ich auch, das beeilen sie sich mir zu erzählen — seine Freunde. *(Liest.)* "Nicht heute, nicht gestern, vor langer Zeit schon erlitten und — nicht verwunden, nur mit Stolz getragen..." *(Gesprochen.)* Sie bewundert ihn noch. *(Liest.)* "Er klagt natürlich nicht, aber man hört und man — sieht. O Mutter, er sehnt sich mehr als er jemals eingestehen würde, nach dem stillen Zuhause, das er einst übermütig verlassen hat!" — übermütig — nennt sie das? Ein sehr mildes Wort. *(Schüttelt den Kopf, liest weiter.)* "Ich sage ihm: Papa, klopf' an! Klopf' an! Die Allgütige tut dir auf."

ERWEIN *(kommt zurück. Das Gesicht ist gewaschen, die Haare, etwas in Unordnung geraten, sind an den Wurzeln grau)*. Das ist ja sehr hübsch da droben. Mein Sohn ist vortrefflich etabliert. Wirklich beneidenswert.

KLOTHILDE. Einfach, militärisch, wie er es liebt; keine Überflüssigkeiten.

ERWEIN. Hat recht. Diese Überflüssigkeiten — man findet täglich neue, die einem unentbehrlich sind — drücken einen endlich aus dem Hause.

KLOTHILDE. Und ich will meinen Sohn ins Haus hinein ziehen.

ERWEIN. Das ist auch mein Wunsch, und auch bei mir findet mein Sohn seine Zimmer bereit, so oft er sich ankündigt...

KLOTHILDE *(schonend)*. Bei mir braucht er sich eben nicht erst ankündigen. Er ist stündlich erwartet und willkommen.

ERWEIN *(nach einer Pause)*. Ja, Sie sind immer eine gute Mutter gewesen.

KLOTHILDE. Ich wäre auch eine gute Frau gewesen... Nein! kein "wenn". Wer nicht bewiesen hat, soll nicht sagen, daß er bewiesen *hätte*. — Lieber Fürst, Sie schenken mir doch eine Stunde?

ERWEIN *(ritterlich)*. Schenken? Ich bin's, der sich beschenkt fühlt, wenn Sie mir so lang Gastfreundschaft gewähren... Um ein Uhr würde ich dann zum Schnellzug auf die Station fahren, wo ich meinen Diener mit meinen Reiseeffekten zurückgelassen habe.

KLOTHILDE. Mit *allen* Ihren Reiseeffekten?

ERWEIN. Ja.

KLOTHILDE. Schade!

ERWEIN. Warum?

KLOTHILDE. Weil ich vermute, daß sich in Ihrer Reisetasche ein Paar fußfreundliche Slippers befinden, die Sie...

ERWEIN *(fällt ihr ins Wort).* Slippers? Ich? Nie! Ich kenne Slippers nur vom Sehen.

KLOTHILDE. Aber vielleicht lassen Sie sich aus Rücksicht auf den Behaglichkeits-Kultus, der bei mir getrieben wird — für die Stunde, die Sie hier zubringen — zu einem Anlehen bei der Garderobe meines Sohnes herab... *(Die Hand auf dem Drücker der elektrischen Glocke.)* Darf der Diener Ihnen behilflich...

ERWEIN *(rasch).* Nie! Dafür dank' ich *(mit Bitterkeit)* vorläufig noch. *(Ab nach rechts.)*

KLOTHILDE *(sieht ihm nach).* Sechsundzwanzig Jahre! Es macht einem einen Eindruck. — In Haß geschieden, fest entschlossen, lieber zu sterben als einander jemals wiederzusehen. Es geschieht — und man überlebt's, man hat sogar ein Dankgefühl... Meine Tochter schickt ihn. Ich habe noch niemandem die Tür gewiesen, den sie geschickt hat. Soll ich mit ihrem Vater den Anfang machen? Ach, die Kinder, — die sind eine Macht! *(Vertieft sich wieder in den Brief.)*

ERWEIN *(kommt, bleibt auf der Schwelle stehen und betrachtet die Fürstin ernst und aufmerksam. Plötzlich sich aufraffend tritt er vor. Sehr behaglich in einem weiten Uniformpaletot, in großen Schuhen. Schlenkert mit den Füßen).* Das muß man meinem Sohn lassen. Füße hat er — von erster Größe.

KLOTHILDE. Wie schreitet sich's aber mit ihnen aus! Wie steht man da!

ERWEIN. Und der Paletot! *(Schlägt ihn übereinander.)* Das soll militärisch sein? Schlafrockartig ist's.

KLOTHILDE. Auch in einer weiten Uniform kann ein kühner Soldat stecken... Möge die Gelegenheit dazu nie kommen, nie! *Wenn* sie aber unglücklicherweise käme — mein Sohn würde dieselbe an Tollheit grenzende Tapferkeit beweisen, die seinen Vater berühmt gemacht hat.

ERWEIN. Berühmt? O, das ist zu viel. Und überhaupt — rechnen Sie einem Mann Tapferkeit zum Verdienst an? Wenn ich eine Frau wäre, fände ich physischen Mut bei einem Manne selbstverständlich, moralischen Mut aber achtungswert.

KLOTHILDE. Was nennen Sie moralischen Mut? Den Kampf gegen allerlei Versuchungen, allerlei Velleitäten…

ERWEIN. Den Widerstand gegen schöne verlockende Reminiszenzen. *(Fräulein Zedwin kommt. Erwein stramm, wirft ihr einen Blick voll Bewunderung zu. Zur Fürstin:)* Bitte, stellen Sie mich vor.

KLOTHILDE. Fürst Seinsburg. Fräulein Zedwin.

ZEDWIN *(zu ihm)*. Vorleserin der Frau Fürstin. *(Zu ihr.)* Wann befehlen Durchlaucht?

KLOTHILDE. In einer Stunde, wenn Sie so gut sein wollen, liebes Kind.

ZEDWIN *(Ehrfurchtsvolle Verbeugung vor der Fürstin, abweisende Verbeugung vor dem Fürsten. Ab)*.

ERWEIN. Eine unangenehme Person!

KLOTHILDE. Ich habe sie lieb. Leider verliere ich sie bald. Sie ist Braut.

ERWEIN. Ah — deshalb…

KLOTHILDE. Nicht — *deshalb*. Sie hat nur keinen Sinn für eine gewisse Art von Liebenswürdigkeit, sie wünscht nicht, "schöne verlockende Reminiszenzen" zu wecken.

ERWEIN. Hm! *(Beeilt, das Gespräch abzulenken.)* Sie waren vorher ganz vertieft in einen Brief…

KLOTHILDE. Von meiner Tochter. Wollen Sie ihn lesen?

ERWEIN *(nimmt den Brief, hält ihn weit von sich. Will lesen, es geht nicht, er tut nur dergleichen)*. Charmant! charmant! Sie schreibt charmant!

KLOTHILDE. Nur heute zufällig etwas undeutlich. Darf ich Ihnen meine Brille…

ERWEIN. Brille! — Ich? Nie!

KLOTHILDE. Meine Tochter schreibt charmant, aber sie wiederholt sich.

ERWEIN. Was holt sie?

KLOTHILDE *(lauter)*. Kommen Sie näher. Ich bin ein klein wenig schwerhörig.

ERWEIN *(bedauernd)*. O! *(Gleich darauf, galant.)* Davon bemerke ich nicht das Geringste. *(Rückt einen Sessel in die Nähe des Fauteuils der Fürstin.)*

KLOTHILDE. Meine Tochter klagt fortwährend: "Was habe ich von meinen Eltern, ich sehe sie kaum!" und mein Sohn stimmt ein in den Jammer. Die beiden behaupten, sie hätten einen Beruf, der ihnen wenig Zeit für Vater und Mutter übrig läßt, und daß die wenige noch geteilt werden muß...

ERWEIN. Bei der Teilung komme ich immer zu kurz. Meine Kinder teilen eben — nach ihrem Herzen.

KLOTHILDE. In dem Falle würden sie gleich teilen. Aber sie sind nicht ganz sicher, — fürchten vielleicht...

ERWEIN. Was fürchten sie? Meine Kinder sollen wissen, wem ihr Vaterhaus gehört, solang sie da sind, wem es überlassen wird, völlig, freudig, darin zu schalten und zu walten — solang... Ach, je länger, je lieber! ... Aber wie lang halten sie's denn bei mir aus? und — ich und die Einsamkeit, wir stehen auf einem miserablen Fuße... In früheren Jahren hatten auch Sie keine besondere Neigung fürs Einsiedlerische. Wie halten Sie es jetzt? Wie verbringen Sie die langen Herbstabende?

KLOTHILDE. Das weiß ich nicht. Ich habe nur kurze.

ERWEIN. Hm! — Sie langweilen sich nie?

KLOTHILDE. Doch, manchmal, — wenn gewisse Besuche kommen.

ERWEIN. Ja, ja. Sie haben viel Nachbarschaft hier herum. „Im dunkeln Laub die Landorangen glüh'n."

KLOTHILDE. Es gibt einige genießbare darunter. Im ganzen hab' ich auch nicht zu klagen, diese Herrschaften nehmen Rücksicht auf mein hohes Alter und überlaufen mich nicht.

ERWEIN. Gut, sehr gut, denn bei allem Geselligkeitsbedürfnis —
es kann einem zu viel werden… Auch mir. Wenn mir zum
Beispiel ein Extrazug voll Saus und Braus und
Champagnerräuschchen ins Haus fällt. Die lustige Bande hat
soupiert von Mitternacht bis früh, will noch nicht schlafen
gehen, sehnt sich nach frischer Luft. Hinaus aufs Land, zum
Frühstück nach Seinsburg. Dort ist's immer lustig, dort ist
man immer willkommen… Es ist unglaublich, was die Leute
sich einbilden. Aber neulich spielt' ich ihnen einen Streich.
Ich ignorierte ihr Telegramm und entfloh zu meiner Tochter.

KLOTHILDE. Und der Heuschreckenschwarm fand das Haus leer.

ERWEIN. Ich habe mich sehr wohl befunden bei meiner Tochter.
Von Jahr zu Jahr wohler. Ich weiß nicht, wie das kommt.
Meine Enkel sind allerliebst.

KLOTHILDE. Die meinen auch.

ERWEIN. Und meine Tochter…

KLOTHILDE. Eine prächtige Frau. Und so glücklich!

ERWEIN. Nun das — ist ein Glück.

KLOTHILDE. Das höchste Glück, — es wird uns noch als
Verdienst angerechnet.

ERWEIN. Die kleine Klodi war etwas unwohl, als ich abreiste.

KLOTHILDE. So? Es hat doch nichts zu sagen?

ERWEIN. Meine Tochter meint: nein. Aber ihr Mann ist so
ängstlich. Er hat den Arzt rufen lassen. Sie will mir noch
hierher telegraphieren, wenn der Doktor die leiseste Besorgnis
äußert.

KAMMERDIENER *(kommt)*. Durchlaucht, der Kutscher bittet.
Wenn Durchlaucht zurecht kommen wollen zum Schnellzug,
dürfte es bald Zeit sein…

ERWEIN *(fällt ihm ins Wort)*. Bald! Bald! … Er soll sich
gedulden. Ich brauche seine Ermahnungen nicht.
(Kammerdiener ab. Pause.)

ERWEIN. Klothilde, was halten Sie von gebrochenen Schwüren?

KLOTHILDE. Daß sie eine große Ähnlichkeit mit Lawinen haben. Wenn die einmal ins Rollen kommen, ist kein Halten mehr.

ERWEIN. Wir haben geschworen, einander nie wiederzusehen, und — da bin ich. *(Bittend.)* Lassen wir die Lawine weiterrollen.

KLOTHILDE. Wie weit?

ERWEIN *(zögernd).* Meinen Kindern wird es schwer, ihre Zeit zwischen Vater und Mutter zu teilen… Wenn man es ihnen nur möglich machen könnte, beide Eltern zugleich — *(Ratlos, wie er sich ausdrücken soll.)* Helfen Sie mir doch! Sie wissen, was ich sagen will!

KLOTHILDE. Mein Sohn kommt hierher nach den Manövern, — da sind Sie in Paris.

ERWEIN. Ich muß ja nicht nach Paris! … Übrigens bleibe ich auf keinen Fall lang… Meine Tochter hat mir versprochen, den Herbst bei mir zuzubringen.

KLOTHILDE. Bei Ihnen? … den Herbst?

ERWEIN. Kein Fest ohne meinen Schatz, die kleine Klodi… Meine Tochter nimmt ihre Kinder mit — —

KLOTHILDE. Die Verräterin! Dasselbe hat sie mir versprochen!

ERWEIN. Und wird Wort halten, und kommen *(nach kurzer Pause, zweifelnd, bittend)* — zu Ihnen, — nach Seinsburg.

KLOTHILDE *(bewegt und bemüht, es zu verbergen).* Was soll ich dort? Als Heuschreckenvertilgerin auftreten… als eine Art Rattenmamsell?

ERWEIN. Sie sollen sich dort behaglich fühlen, sollen leben, wie es Ihnen zusagt. Meine Kinder und ich werden uns bemühen, Ihnen den Aufenthalt angenehm zu machen. Klothilde! — Kommen Sie! Verzeihen Sie — vergessen Sie alles — alles!

KLOTHILDE. Eines will ich doch nie vergessen — daß ich in Seinsburg sehr glücklich gewesen bin.

ERWEIN. Und ich, — wie glücklich durch Sie...

KLOTHILDE *(fällt ihm ins Wort). Davon* sprechen wir nicht. Die Zeit, in der dieses Glück Ihnen genügte, war kurz. Wie kurz sie war, erfuhr ich spät; Sie haben die Rücksicht gehabt, es mir zu verbergen. Als ich mich nicht mehr täuschen lassen konnte, hieß es: Er ist eben, wie alle. Das sollte ein Trost sein. — Wie alle! — Er, den ich für etwas Einziges gehalten hatte! ... *(Unterbricht sich, wieder kühl.)* Nicht leicht zu verwinden das. Aber der Hochmutsteufel half. Es wäre schlimm, wenn einem nur das leichte gelänge. Ich nahm den Kampf auf... Aber ich habe kein Talent zur Märtyrerin... Der innere Bruch zwischen uns war vollzogen jahrelang, — endlich kam's zum äußern...

ERWEIN *(schmerzlich).* Durch meine Schuld, meine große Schuld! War ich nicht mit Blindheit geschlagen? War ich nicht wie das Kind, das die Wahl hat zwischen der glühenden Kohle und dem sanft leuchtenden Edelstein — und das nach der Kohle griff? Unverzeihlich! Unverzeihlich!

KLOTHILDE *(fällt ihm ins Wort).* Nicht rekriminieren! Keine Vorwürfe, nicht gegen andere, nicht gegen sich selbst. Wir waren einmal, wie wir waren. Sie kein Heiliger, ich kein Engel.

ERWEIN. Sie haben durch mich sehr gelitten...

KLOTHILDE. Ich habe... Aber denken Sie nur — nach der Trennung für immer, und nachdem ich alle Hoffnung aufgegeben hatte, was tat ich? Ich unheilbare Optimistin fing sogleich von neuem zu hoffen an. — Lassen wir ihn sein Leben durchbrausen, sagte ich mir. Am Ende finden wir uns doch wieder zusammen. Wenn ich eine alte Frau geworden bin, wenn er nicht mehr jung sein wird, dann treffen wir uns wie zwei Freunde, die tagsüber verschiedene Wege gewandert sind, am Abend vor der Hüttentür und halten da ein Plauderstündchen, eine kurze Rast, ehe wir zur langen Rast ins stille Haus treten — bald nacheinander, will's Gott.

ERWEIN *(leise).* Klothilde!

KLOTHILDE. Von solchen Träumen gewiegt, ging ich wohlgemut, wie einer zweiten Jugend, dem Alter entgegen —

ließ es nicht etwa nur herankommen — o, ich machte ihm Avancen, freute mich über jedes weiße Haar auf meinem Kopfe, über jede Falte auf meinem Gesichte, und schmeichelte mir: Die haben Vorgänger bei meinem Manne. Indessen — große Enttäuschung! Da bin ich am ersehnten Ende angelangt, bin alt — was hilft's? Ich bin's allein. Sie werden nicht alt.

ERWEIN *(unüberlegt)*. Das macht nichts. Wenn nur eines von uns... Wissen Sie, an wen Sie mich gemahnt haben, da vorhin, mit Ihrer Brille, und ganz versunken in den Brief meiner Tochter...

KLOTHILDE. Nun — an eine Ihrer Urgroßtanten.

ERWEIN. Gefehlt! um zwei Generationen.

KLOTHILDE. An Ihre Großmutter.

ERWEIN. Um zwei Generationen, sag' ich.

KLOTHILDE. An Ihre Mutter vielleicht? *(Erwein nickt.)* Da gratuliere ich mir! Mit Ihrer Mutter haben Sie im besten Einvernehmen gelebt.

ERWEIN. Einvernehmen? — Ein kühles Wort. Es war mehr. Es war von meiner Seite Dankbarkeit, Bewunderung, Ehrfurcht, von der ihren grenzenlose Güte und Nachsicht... Man braucht so viel Nachsicht —

KLOTHILDE. Wie wahr! Am meisten braucht sie — der zuwenig hatte — wie ich. — Ich bitte Ihnen dieses große Unrecht ab.

ERWEIN *(ergriffen)*. Sie mir — ein Unrecht! Du guter Gott — Sie mir!

KAMMERDIENER *(kommt. Zu Erwein)*. Durchlaucht, der Kutscher bittet dringend, es ist höchste Zeit. *(Ab.)*

ERWEIN. Nun denn! — Leben Sie wohl. Dank, daß Sie mich nicht fortgeschickt haben... Es ist bei Ihnen so friedlich... etwas muß ich Ihnen sagen: Ich habe Sie oft schwer vermißt... Ihren Umgang, Ihre liebe Heiterkeit, Ihr geistiges Wesen... Mehr als oft — immer! ...

DIENER *(kommt eilig)*. Ein Telegramm aus Ostrau für Seine Durchlaucht.

ERWEIN *(bestürzt)*. Also doch! Also doch etwas Ernstes! ...

KLOTHILDE *(sucht ihre eigene Unruhe zu bemeistern)*. Nicht so ängstlich, es wird nichts sein.

ERWEIN *(nervös)*. Was sagen Sie? *(Fährt rasch mit der Hand nach dem Ohr.)* Ich bin auch etwas... *(Reißt das Telegramm auf.)* Eine Brille! Eine Brille!

KLOTHILDE. Da! *(Hilft ihm die Brille aufsetzen.)*

ERWEIN *(liest)*. „Ich komme, ich bitte, beschwöre, erwarte mich bei Mama, alles wohl, Umarmung, Ernestine." A—h ich atme wieder.

KAMMERDIENER *(kommt)*. Durchlaucht, der Kutscher — er fährt davon.

ERWEIN. Mag er meinetwegen zum Teufel fahren!

KAMMERDIENER *(verletzt)*. Bitte Durchlaucht, der Weg — hier nicht bekannt.

ERWEIN *(hält Klothilde das Telegramm hin)*. Was tun? Was tun?

KLOTHILDE. Darf ich für dich entscheiden, Erwein?

ERWEIN. Befiehl!

KLOTHILDE *(zum Kammerdiener)*. Der Kutscher soll auf die Station zurückfahren und den Kammerdiener und die Reiseeffekten, die dort lagern, *(leise Erwein ins Ohr)* samt Slippers und Brillen *(laut)* abholen. Der Fürst bleibt.

Der Vorhang fällt.

Ende.

Anmerkungen

Ohne Liebe

Der Text folgt der Ausgabe *Sämtliche Werke*. 6 Bde. Berlin: Paetel, 1920. Bd. 2, 703-34.

S. 23 *im Zopfstil*: Im Stil des 18. Jahrhunderts, d. h. elegant, aber altmodisch.

Kanapee: Sofa.

Etablissement: Sitzgruppe.

S. 27 *sich erklären* = einen Heiratsantrag machen.

S. 29 *Claque* = eine zum Applaudieren bezahlte und strategisch im Zuschauerraum verteilte Gruppe, die den Erfolg einer Aufführung garantieren soll.

Philippika (griech: Philippikà) = Strafrede.

S. 35 *En famille* (frz.): in der Familie, unter uns.

S. 38 *Pas avoir peur...:* "Nicht weinen, mein Liebling, Elise ist da, Elise ist da." Seit dem frühen 18. Jahrhundert galt die höfische Kultur Frankreichs in den adligen Kreisen Deutschlands und Österreichs als vorbildlich; aus diesem Grund wuchsen die meisten Mädchen aus adligen Familien unter der Obhut französischer Gouvernanten auf. Viele deutsch schreibende Autorinnen aus Adelskreisen, von Sophie von LaRoche (1730-1807) bis Marie von Ebner-Eschenbach, sprachen aus diesem Grund Französisch als Muttersprache und lernten erst später Deutsch.

S. 39 *Gesellschaft der heiligen Affen von Benares:* In der heiligen indischen Stadt Benares, dem religiösen Zentrum des Hinduismus, war die Sterberate über Jahrhunderte hinweg größer als die Geburtenrate, so daß die heiligen Affen, der menschlichen Bevölkerung zahlenmäßig überlegen, ungehindert einen Großteil der Stadt übernahmen. Beschreibungen dieser Stadt finden sich in den *Jātakam* (= Wiedergeburtsgeschichten, einer Sammlung von Erzählungen aus früheren Existenzen Buddhas, die auf Buddhas Zeit, d. h. ins 5. Jh. v. Chr., zurückgehen sollen). Das Jákata-Buch erschien zuerst vollständig 1877-97 (in 7 Bänden); die erste englische Übersetzung aus dem Páli ab 1885 (verschiedene

Übersetzer); die erste deutsche Übersetzung 1906 von Julius Dutoit (erschienen in Leipzig 1908). Sprichwörtlich gelten die Affen von Benares als Tiere, die sich jeden beliebigen Unfug erlauben dürfen, ohne daß man sich gegen sie zur Wehr setzen darf.

Sacré-Coeur: gem.: ins Kloster bzw. in ein Stift, in dem viele adlige Mädchen bis zur Volljährigkeit erzogen wurden.

S. 41 *Biskote:* Plätzchen.

S. 42 *Seine Laune? es ist die eines Verliebten....:* Anspielung auf Goethes Schäferspiel *Die Laune des Verliebten* (1768), in dem der verliebte Eridon (Name abgeleitet von griech. *Eris* = Streit) seine Geliebte Amine mit paranoider Eifersucht quält.

S. 44 *Chande gemackt? qu'est-ce que cela veut dire?* = "Was soll das heißen?" Elises miserable Aussprache des Deutschen, ihr unvernünftiger Umgang mit Dorchen und ihre stereotype Verliebtheit in ihren Brotherrn weisen sie als antifranzösisch-stereotype Komödienfigur aus, wie sie im deutschen Drama seit der Frühaufklärung regelmäßig auftritt (vgl. u. a. die Gouvernante in Luise Adelgunde Gottscheds *Die Hausfranzösinn,* 1744, und Riccaut de la Marlinière in Lessings *Minna von Barnhelm,* 1767).

Viens ma chérie, viens mon petit ange = Komm, mein Liebling, komm, mein kleiner Engel.

Avec toi = mit dir.

Semper idem (lat.): Immer dieselbe.

S. 45 *Monsieur, la petite dort...:* Gnädiger Herr, die Kleine schläft, das geringste Geräusch weckt sie auf.

Elle dort?...: Sie schläft? Das ist gut, das ist sehr gut!

S. 47 *...moderner Orpheus:* Orpheus, Sohn des Apollo und der Muse Calliope, erhielt von seinem Vater, dem Gott der Künste, eine Leier und spielte darauf so schön, daß nichts dem Klang seiner Lieder widerstehen konnte.

S. 52 *Monsieur, la petite vient de s'éveiller:* Gnädiger Herr, die Kleine ist gerade aufgewacht.

Es wandelt niemand ungestraft unter Palmen

Der Text folgt der Ausgabe *Der Nachlaß der Marie von Ebner-Eschenbach in vier Bänden*. Bd. 1 [nur 1 Bd. erschienen]. Hg. Heinz Rieder. Wien: Agathonverlag, 1947, 77-95. Der Titel entstammt Ottilies Tagebucheintrag in Goethes *Wahlverwandt-schaften* (1809): "Es wandelt niemand ungestraft unter Palmen, und die Gesinnungen ändern sich gewiß in einem Lande, wo Elefanten und Tiger zu Hause sind" (II, 7). Oft verwechselt mit den Worten des Tempelherrn an Daja in Lessings *Nathan der Weise* (1779): "Weib, macht mir die Palmen nicht verhaßt, worunter ich so gern sonst wandle" (I, 6).

S. 57 *Paletot* (frz., ursprüngl. von span. *palla*) = Mantel.

S. 70 *Ewig! Ewig!* Mögliche Anspielung auf Fausts Ausruf in der Szene "Garten": "Laß diesen Blick,/ Laß diesen Händedruck dir sagen/ Was unaussprechlich ist:/ Sich hinzugeben ganz und eine Wonne/ Zu fühlen, die ewig sein muß!/ Ewig! — Ihr Ende würde Verzweiflung sein./ Nein, kein Ende! Kein Ende!" (J. W. Goethe, *Faust: Der Tragödie erster Teil*, Zeile 3188-3194)

Genesen

Der Text folgt der Ausgabe *Der Nachlaß der Marie von Ebner-Eschenbach in vier Bänden*. Bd. 1 [nur 1 Bd. erschienen]. Hg. Heinz Rieder. Wien: Agathonverlag, 1947, 109-30. Der Text erschien zuerst in *Monatshefte* 1903; Ebner datiert die Entstehung des Textes in einem Brief an Paul Heyse auf das Jahr 1896 (Alkemade 387-88).

S. 75 *An Paul Heyse:* Paul Heyse (1830-1914), deutscher Dichter, Bühnenschriftsteller und Novellist und Mittelpunkt des Münchner Dichterkreises; heute hauptsächlich als Dichter bekannt. Von seinen über 100 Novellen ist "L'Arrabbiata" (1855) heute die bekannteste. Ebners Briefwechsel mit Paul Heyse (zwischen 1882-1910) wurde von Alkemade veröffentlicht (260-398).

Genesen wurde von Paul Heyses Einakter *Der Stegreiftrunk* (1896) inspiriert. Die Inhaltsangabe des Dramas, in Ebners Worten: „Ein hochbegabter, glanzvoller, aber schwerkranker Mann hält sich auf seiner Reise nach dem Süden in einer kleinen Stadt bei einem befreundeten Ehepaare auf. Die Frau und er fassen eine heftige Liebe zueinander, es kommt zur Erklärung, zur Trennung nach herzzerreißendem Abschied. Aber den Scheidenden ereilt der Tod, sterbend wird er zurückgebracht" (Brief an Paul Heyse, 23. 1. 1903, Alkemade 387-89, Zitat 388). Paul Heyse bedankte sich bei Ebner für die Übersendung von *Genesen*, samt des vorangestellten offenen Briefes an ihn, am Gründonnerstag 1903: "Wollen Sie wetten, daß von tausend Lesern ... kaum ein halber versteht, worauf sich das offene Briefchen an mich bezieht, das Sie Ihrer 'dialogisierten Novelle' vorangeschickt haben? Denn das deutsche Publikum pflegt Dramen bekanntlich nicht zu lesen... . Was der 'Funke' aus meinem 'Stegreiftrunk' in Ihrer Phantasie geweckt, habe ich natürlich begierig gelesen und so viel Ähnlichkeit der beiden Sächlein gefunden, wie zwischen einer Trauerweide und einer Fichte. ... Diesmal ist mir's unverständlich geblieben, warum Sie es der Frau so leicht gemacht haben, von ihrer Influenza zu genesen. Der Mann, den sie schließlich nicht liebt, sondern nur bewundert, zu bewundern *fortfährt* trotz alledem, ist als ein so hochmütiger, herrischer, anspruchsvoller Übermensch geschildert, daß er uns von vornherein abstößt, da wir seine sonstigen Qualitäten, die ihn einer Frau reizend machen könnten, nicht mit Augen sehen. Und so nehmen wir es ihr übel, daß sie ihren trefflichen 'mittelmäßigen' Gatten sich selbst so tief in Schatten stellen läßt" (Alkemade 390-91). Ebner antwortete darauf am nächsten Tag: "Ja, sehen Sie, ich habe ihn nicht widerwärtig machen wollen; er ist von selbst so geraten, oder vielmehr mißraten. Mein Herz gehört dem Manne u. den Liebhaber vernachlässigte ich in strafwürdiger Weise. Nun ist es natürlich der Frau viel zu leicht gemacht von ihrer Influenza zu genesen. Sie haben recht, tausendmal recht, durch und durch recht! — An eine Aufführung denke ich nicht einmal in einem schweren Traume" (Alkemade 392).

Außer in dem Einakter *Der Stegreiftrunk*, den Ebner als Inspiration angibt, findet sich das Motiv der Dreiecksgeschichte auch in anderen Werken Heyses, u. a. in seiner Novelle "Die Einsamen" (1857) und in seinem Zeitroman *Kinder der Welt* (1873). In beiden Texten ergibt sich ein Wiedersehen zweier Menschen, die sich vor Jahren liebten; in beiden Fällen versucht der weibliche Part (Lucia in "Die Einsamen" und Toinette in *Kinder der Welt*), den männlichen zur Wiederaufnahme der Beziehung zu bewegen; in beiden Texten trennt sich das Paar am Ende endgültig.

S. 77 *Pendant... passés:* Während ich mit dir spreche, sind deine Augen niedergeschlagen; sie hatten Angst mir zu sagen, daß die schönen Tage vorbei sind... Quelle nicht ermittelt.

Ein Pitt, ein Fox, ein Kaunitz: gem. William Pitt (1759-1806), Englands jüngster Premierminister (seit 1783); Charles Fox (1749-1806), engl. Finanzminister und Reformer, wurde mit 19 Jahren zum erstenmal ins Unterhaus gewählt und war damit das jüngste Parlamentsmitglied; Wenzel Anton Graf Kaunitz (1711-1794), öst. Botschafter und allgemein anerkannt als Hauptinitiator für die geistige und politische Erneuerung Österreichs unter Maria Theresia, Joseph II. und Leopold II., als deren Berater er fungierte.

S. 78 *Perron* (frz.) = Bahnsteig.

Es tut nicht weh, Pätus: Anspielung auf den Selbstmord der Arria, deren Ehemann Caecinia Paetus aus politischen Gründen zum Selbstmord gezwungen wurde und die ihm mit gutem Beispiel voranging. Verschiedenen Versionen zufolge (u. a. bei Plinius Secundus und Cassius Dio) stieß sie sich vor den Augen ihres Mannes den Dolch in die Brust, zog ihn heraus und reichte ihn ihrem Mann mit den Worten "Paete, non dolet" ("Es tut nicht weh, Paetus"). Arrias Ausruf wird häufig in späterer Literatur zitiert, so u. a. in Georg Büchners *Dantons Tod* (1835) und Ebners eigener Erzählung "Der Hofrat" (erschienen 1915).

S. 81 *Der edle Brackenburg:* Charakter aus Goethes Drama *Egmont* (1775-87), der Klärchen liebt und ihr aufgrund ihrer Liebe für Egmont entsagen muß. Brackenburg gilt in verschiedenen Interpretationen entweder als großmütig Entsagender oder als bis zur Selbsterniedrigung ergebener Charakter; im Drama spielt er dem heldenhaften Egmont gegenüber den in jeder Hinsicht Unterlegenen.

S. 82 *das Widerspiel der Engel* = das Gegenteil (hier: Teufel).

Lucifer oder der Lichtbringer: Lucifer (lat.) = Lichtbringer, ursprünglich der Name für den Morgenstern in der altrömischen Astronomie. In der Bibel ist Luzifer der von Gott abgefallene Engel, der von Gott zur Strafe für seine Abtrünnigkeit in die tiefsten Tiefen geschleudert wurde (s. Jesaja 14: 9-21); er gilt verschiedentlich auch als Personifizierung der Aufklärung und als unverdientermaßen in der christlichen Mythologie zum Synonym für das Böse "verteufelt". Die luziferische Rolle, auf die Oswald hier anspielt, ist zweifelsohne die des Verführers.

S. 86 *Taburett* (frz./arab.) = vierbeiniger Hocker.

S. 89 *Napoleon auf dem Felsen von St. Helena:* die Felseninsel St. Helena war nach der Niederlage bei Waterloo im Jahre 1815 der Ort der endgültigen Verbannung des ehemaligen Generals und Kaisers von Frankreich Napoleon Buonaparte (1769-1821).

Am Ende

Der Text folgt der Ausgabe *Sämtliche Werke*. 6 Bde. Berlin: Paetel, 1920. Bd. 1, 671-88.

S. 95 *Araukarie:* Araucaria araucana, chilenischer winterharter Baum, im deutschsprachigen Raum als Anden-Tanne bekannt.

Foulardkleid: frz. *Foulard* = Schal, Kopftuch, Stola, kann auch eine bestimmte Stoffart bezeichnen. Foulardkleider galten im Diskurs der Zeit als altmodisch bzw. matronenhaft.

Sommerkapotte = Sommerhut.

S. 99 *Nicht zum Perruquier... aber zum Coiffeur:* nicht zum Perrückenmacher, sondern zum Friseur.

S. 100 *Chaussure* (frz.) = Schuh, gem. hier: Schuhwerk.

S. 101 *Slippers* (engl.) = Pantoffeln.

S. 103 *Velleitäten:* von frz. *velléité* = Gelüste, Anwandlungen.

S. 104 *"Im dunkeln Laub die Landorangen glüh'n":* Doppelte Anspielung auf den Begriff „Landpomeranze" (= umgangssprachlich für: ein unbeholfen oder unsicher wirkender Mensch vom Lande) und auf Goethes Mignon-Lied "Kennst Du das Land?" ("Kennst Du das Land, wo die Zitronen blühn, / im dunkeln Laub die Goldorangen glühn...") aus *Wilhelm Meisters Lehrjahre*, 1795-96 (III, 1).

S. 106 *Heuschreckenvertilgerin:* Heuschrecken galten als Landplage; Heuschreckenvertilgung als einzige Möglichkeit, die Ernte zu retten.

Rattenmamsell: halb mythische Figur in Henrik Ibsens Drama *Klein Eyolf* (1894), die Ratten (der Sage nach auch Kinder) ins Wasser lockt, wo sie ertrinken; oft gelesen als Nachfolgerin des Rattenfängers von Hameln. In Interpretationen von Ibsens Drama gilt die Rattenmamsell häufig als Allegorie für die Schuld der Eltern an ihrem Sohn Eyolf, der durch die Unachtsamkeit seiner Eltern zum Krüppel geworden ist. Wie in *Am Ende* findet das zerrüttete Ehepaar in Ibsens Drama am Ende wieder zueinander. In ihrer etwas widersprüchlichen Selbstbezeichnung als Heuschreckenvertilgerin und Rattenmamsell spielt Klothilde möglicherweise auf die zwei Rollen an, die Erwein ihr hier indirekt anträgt: einerseits an ihrer Beziehung zu retten, was zu retten ist, andererseits die Kinder (zu ihm) zurückzulocken.

Dramatische Arbeiten und Sämtliche Werke

Dramen von Marie von Ebner-Eschenbach

In der folgenden Dramenliste sind alle mir bekannten Dramen und Dramenentwürfe aufgenommen. Bei Manuskripten ist der Standort angegeben, andernfalls der Druck und/oder die Aufführung des betreffenden Dramas zu Lebzeiten der Autorin.

Cinq-Mars (Richelieus Ende). Zwei undatierte Dramenfragmente (MS). Wiener Stadt- und Landesbibliothek, I.N. 60651 und 60652

Strafford. Ca. 1860. Text verschollen

Maria Stuart in Schottland. Historische Tragödie. Wien: Ludwig Mayer, 1860. Gespielt: Karlsruhe, 1861; Danzig, Februar 1867

Das Geständnis. Schauspiel in 5 Akten. 1861. Gespielt: Prag, 1867

Die Schauspielerin. Künstlerdrama in 3 Aufzügen. 1861. Text verschollen

Die Veilchen. Lustspiel in 1 Akt. Wien: Wallishauser, 1862. Gespielt: Burgtheater Wien, 1863; weitere Aufführungen: Breslau, Prag, Coburg, Brünn 1863, München 1873, Friedrichshafen 1911

Die Heimkehr. Anderer Titel von: *Mutter und Braut* (s. a. *Mutter und Sohn*). Gespielt: Berlin, Juli 1863

Mutter und Braut. Schauspiel. Fragment. 1863. Wiener Stadt- und Landesbibliothek, I.N. 54498. Gespielt: Hamburg 1863

Mutter und Sohn. Anderer Titel von: *Mutter und Braut*

Jacobäa von Bayern. Trauerspiel. 1863. Wiener Stadt- und Landesbibliothek, I.N. 54500

Marie Roland. Trauerspiel in 5 Aufzügen. Wien: Wallishauser, 1867. Gespielt: Hoftheater Weimar, 1868

Die Egoisten. Anderer Titel von: *Die Selbstsüchtigen*

Die Selbstsüchtigen. Lustspiel in 3 Aufzügen. 1867. Wiener Stadt- und Landesbibliothek, I.N. 54497. Gespielt: Wiener Stadttheater, 1867

Doctor Ritter. Dramatisches Gedicht in einem Aufzuge. Wien: Jasper, 1869. Neudruck Wien: T. Rosner, 1872. Gespielt: Kärntnertortheater Wien, 1869; Sigmaringen, 1885; Burgtheater

Wien, 1869 und 1900; Verein für heitere Kunst, Wien 1906; eine
weitere Aufführung belegt 1912

Das Waldfräulein. Lustspiel in 3 Aufzügen. 1873. Hg. Karl Gladt.
Wien: Belvedere, 1969. Neudruck in *Aphorismen. Erzählungen.*
Theater. Hg. Roman Roček. Graz & Wien: Böhlau, 1988. 485-
574. Gespielt: Stadttheater Wien, 1873

Die Witwe. 1873. Text verschollen

Idée fixe. 1873. Text verschollen

Männertreue. Lustspiel in 3 Aufzügen. Wien: Wallishauser, 1874.
Neudruck *Der Merker* 3 (1912): 25-29, 72-74, 103-10, 143-48.
Gespielt: Böhmisches Landestheater Prag 1874; Gotha 1875

Untröstlich. Lustspiel in 1 Akt. Um 1874. Text verschollen.
Gespielt: Stadttheater Wien, 1874.

Die Pessimisten. 1874. Text verschollen

Mein Opfer. 1874. Text verschollen

Am Ende. Scene in einem Aufzug. 1895. Berlin: Bloch, 1897.
Gespielt: Berlin, München, Karlsruhe, Burgtheater Wien, 1900

Genesen. Dialogisierte Novelle. 1896. *Der Nachlaß der Marie von*
Ebner-Eschenbach. Hg. Heinz Rieder. Wien: Agathonverlag,
1947.

Ohne Liebe. Dialogisierte Novelle. 1898.

Ohne Liebe. Lustspiel in 1 Akt. Berlin: Bloch, 1891. Gespielt:
verschiedene Bühnen in Berlin; Burgtheater Wien, 1898, 1900

Es wandelt niemand ungestraft unter Palmen. Dramatisches
Sprichwort. 1900. *Der Nachlaß der Marie von Ebner-*
Eschenbach. Hg. Heinz Rieder. Wien: Agathonverlag, 1947.

Ein Sportsmann. Dialogisierte Novelle in 1 Akt. 1902. *Der*
Nachlaß der Marie von Ebner-Eschenbach. Hg. Heinz Rieder.
Wien: Agathonverlag, 1947.

Zwei Frauen. Dialogisierte Novelle. Nach 1902. *Der Nachlaß der*
Marie von Ebner-Eschenbach. Hg. Heinz Rieder. Wien:
Agathonverlag, 1947.

Zwei Schwestern. Drama in 1 Akt. Nach 1902

Ihre Schwester. Dialogisierte Novelle. Deutsche Rundschau 117
(1903): 321-29

Werkausgaben von Marie von Ebner-Eschenbach

In Werkausgaben aufgenommene Dramen sind spezifisch vermerkt.

Gesammelte Schriften. 10 Bde. Berlin: Paetel, 1893-1910.

Sämtliche Werke. 6 Bde. Berlin: Paetel, 1920. [Enthält *Am Ende*, Bd. 1, S. 671-688; *Ohne Liebe: Dialogisierte Novelle*, Bd. 2, 703-34]

Sämtliche Werke (Hafis Ausgabe). 12 Bde. Leipzig: Fikentscher & Schmidt & Günther, 1928.

Der Nachlaß der Marie von Ebner-Eschenbach. Hg. Heinz Rieder. Wien: Agathonverlag, 1947.

Gesammelte Werke in drei Einzelbänden. Hg. Johannes Klein. München: Winkler, 1956-58.

Gesammelte Werke. Hg. Edgar Gross. 9 Bde. München: Nymphenburger Verlagshandlung, 1961.

Marie von Ebner-Eschenbach: Kritische Texte und Deutungen. Hg. Karl Konrad Polheim. 4 Bde. Tübingen: Niemeyer, 1989.

Tagebücher. 6 Bde. Hg. Karl Konrad Polheim unter Mitwirkung von Rainer Baasner. Tübingen: Niemeyer, 1989-.

Literaturverzeichnis

Alkemade, Mechthild. *Die Lebens- und Weltanschauung der Freifrau Marie von Ebner-Eschenbach.* Graz und Würzburg: Wächter-Verlag, 1935.

Becker-Cantarino, Barbara. „(Sozial)Geschichte der Frau in Deutschland, 1500-1800." *Die Frau von der Reformation zur Romantik: Die Situation der Frau vor dem Hintergrund der Literatur- und Sozialgeschichte.* Hg. Barbara Becker-Cantarino. Bonn: Bouvier, 1980. 243-93.

Benesch, Kurt. *Die Frau mit den hundert Schicksalen: Das Leben der Marie von Ebner-Eschenbach.* Wien, München: Österreichischer Bundesverlag, 1966.

Bettelheim, Anton. *Marie von Ebner-Eschenbach: Biographische Blätter.* Berlin: Gebrüder Paetel, 1900.

---. *Marie von Ebner-Eschenbach: Wirken und Vermächtnis.* Leipzig: Quelle und Meyer, 1920.

Bramkamp, Agatha. *Marie von Ebner-Eschenbach: The Author, Her Time, and Her Critics.* Bonn: Bouvier, 1990.

Brokoph-Mauch, Gudrun. „'Die Frauen haben nichts als die Liebe': Variationen zum Thema Liebe in den Erzählungen der Marie von Ebner-Eschenbach." *Des Mitleids tiefe Liebesfähigkeit: Zum Werk der Marie von Ebner-Eschenbach.* Hg. Joseph P. Strelka. Bern etc.: Peter Lang, 1997. 57-76.

Cella, Ingrid. „Nachwort: Leben und Werk Marie von Ebner-Eschenbachs." Marie von Ebner-Eschenbach, *Aphorismen.* Stuttgart: Reclam, 1988. 63-69.

Colvin, Sarah. „Disturbing Bodies: Mary Stuart and Marilyn Monroe in Plays by Liz Lochhead, Marie von Ebner-Eschenbach and Gerlind Reinshagen." *Forum for Modern Language Studies* 35 (1999): 251-60.

---. *Women and German Drama: Playwrights and Their Texts, 1860-1945.* Rochester, NY: Camden House, 2003.

Consbruch, Helene. „Das Kind bei Marie Ebner-Eschenbach." *Die Lese* 9/1 (1917): 224-25.

Čoupková-Hamerníková, Anna. „Der schriftliche Nachlaß der Marie von Ebner-Eschenbach im Familienarchiv Dubsky." *Marie von Ebner-Eschenbach: Ein Bonner Symposion zu ihrem 75. Todesjahr.* Hg. Karl Konrad Polheim. Bern etc.: Peter Lang, 1994. 27-65.

Danzer, Gerhard. „'Es schreibt keiner wie ein Gott, der nicht gelitten hat wie ein Hund' — das Leben der Marie von Ebner-Eschenbach." Josef Rattner und Gerhard Danzer, *Österreichische Literatur und Psychoanalyse.* Würzburg: Verlag Königshausen & Neumann, 1997. 37-69.

Demant, Karoline. „Marie von Ebner-Eschenbachs Kindergestalten." Diss. Wien 1922.

Dietrick, Linda. „Gender and Technology in Marie von Ebner-Eschenbach's 'Ein Original'." *Women in German Yearbook* 17 (2001): 141-56.

Ebner-Eschenbach, Marie von. *Aphorismen.* Hg. Ingrid Cella. Stuttgart: Philipp Reclam, 1988.

---. *Autobiographische Schriften.* Bd. 1: *Meine Kinderjahre. Aus meinen Kinder- und Lehrjahren.* Hg. Christa-Maria Schmidt. Tübingen: Niemeyer, 1989.

---. *Bei meinen Landsleuten: Erzählungen, Novellen und Skizzen. Der Nachlaß der Marie von Ebner-Eschenbach in vier Bänden.* Bd. 1. Hg. Heinz Rieder. Wien: Agathonverlag, 1947.

---. *Maria Stuart in Schottland: Schauspiel in fünf Aufzügen.* Wien: Ludwig Mayer, 1860.

---. *Marie Roland: Trauerspiel in fünf Aufzügen.* Wien: J. B. Wallishausser, 1867.

---. *Meine Kinderjahre. Erzählungen, Autobiographische Schriften.* München: Winkler Verlag, 1978.

---. *Ohne Liebe: Lustspiel in einem Akt.* Berlin: Bloch, 1891.

---. *Sämtliche Werke.* 6 Bde. Berlin: Paetel, 1920.

---. *Tagebücher.* 6 Bde. Hg. Karl Konrad Polheim unter Mitwirkung von Rainer Baasner. Tübingen: Niemeyer, 1989-97.

---. *Die Veilchen: Lustspiel in einem Aufzuge.* Wien: J. B. Wallishausser, 1877.

---. *Werke in einem Band.* Hg. Alice Koch. Berlin, Weimar: Aufbau-Verlag, 1985.

Felbinger, Elisabeth. „Marie von Ebner-Eschenbachs dramatische Arbeiten." Diss. Wien 1947.

Fussenegger, Gertrud. *Marie von Ebner-Eschenbach, oder Der gute Mensch von Zdisslawitz.* München: Delp'sche Verlagsbuchhandlung, 1967.

Gerber, Gertrud. „Wesen und Wandlung der Frau in den Erzählungen Marie von Ebner-Eschenbachs." Diss. Göttingen 1945.

Giesing, Michaela. „Verhältnisse und Verhinderungen — deutschsprachige Dramatikerinnen um die Jahrhundertwende."

Frauen Literatur Geschichte: Schreibende Frauen vom Mittelalter bis zur Gegenwart. Hg. Hiltrud Gnüg und Renate Möhrmann. Stuttgart, Weimar: Metzler, 1999. 261-78.

Gögler, Maria. *Die pädagogischen Anschauungen der Marie von Ebner-Eschenbach.* Leipzig: Kurt Vieweg, 1931.

Goethe, Johann Wolfgang. „Dichtarten." *Goethes Werke.* Hg. Erich Trunz. 14 Bde. 12. Ausg. München: C. H. Beck, 1981. Bd. II, 187.

---. „Naturformen der Dichtung." *Goethes Werke.* Hg. Erich Trunz. 14 Bde. 12. Ausg. München: C. H. Beck, 1981. Bd. II, 187-89.

--- und Friedrich Schiller. „Über den Dilettantismus." *Schillers Werke. Nationalausgabe.* Hg. Benno von Wiese et. al. 41 Bde. Weimar: Hermann Böhlaus Nachfolger, 1943-1992. Bd. 21 (1963): 60-62.

---. „Über epische und dramatische Dichtung." *Goethes Werke.* Hg. Erich Trunz. 14 Bde. 12. Ausg. München: C. H. Beck, 1981. Bd. 12, 249-51.

Gorla, Gudrun. *Marie von Ebner-Eschenbach: 100 Jahre später. Eine Analyse aus der Sicht des ausgehenden 20. Jahrhunderts mit Berücksichtigung der Mutterfigur, der Ideologie des Matriarchats und formaler Aspekte.* Bern etc.: Peter Lang, 1999.

Grengg, M., und Dora Siegel. *Österreichische Dichterfürstin: Marie von Ebner-Eschenbach.* Prag, Wien, Leipzig: A. Haase, o. J.

Hans, Maria. „Die religiöse Weltanschauung der Marie von Ebner-Eschenbach." Diss. Frankfurt/M. 1934.

Harriman, Helga. „Marie von Ebner-Eschenbach in Feminist Perspective." *Modern Austrian Literature* 18/1 (1985): 27-38.

Hausen, Karin. „'... eine Ulme für das schwankende Efeu.' Ehepaare im Bildungsbürgertum: Ideale und Wirklichkeiten im späten 18. und 19. Jahrhundert." *Bürgerinnen und Bürger: Geschlechterverhältnisse im 19. Jahrhundert.* Hg. Ute Frevert. Göttingen: Vandenhoeck & Ruprecht, 1988. 85-117.

Hegel, Georg Friedrich Wilhelm. *Vorlesungen über die Ästhetik.* 3 Bde. in 2. Hg. Rüdiger Bubner. Stuttgart: Reclam, 1971.

Humboldt, Wilhelm von. „Plan einer vergleichenden Anthropologie." *Werke.* Stuttgart: J. G. Cotta, 1960. Bd. I, 337-75.

---. „Über den Geschlechtsunterschied und dessen Einfluß auf die organische Natur." *Werke.* Stuttgart: J. G. Cotta, 1960. Bd. I, 268-95.

---. „Über männliche und weibliche Form." *Werke.* Stuttgart: J. G. Cotta, 1960. Bd. I, 296-336.

Klostermaier, Doris M. *Marie von Ebner-Eschenbach: The Victory of a Tenacious Will.* Riverside, CA: Ariadne Press, 1997.

Koch, Alice. „Einleitung." Marie von Ebner-Eschenbach, *Werke in einem Band.* Berlin, Weimar: Aufbau-Verlag, 1985. v-xxv.

Kord, Susanne. *Ein Blick hinter die Kulissen: Deutschsprachige Dramatikerinnen im 18. und 19. Jahrhundert.* Stuttgart: Metzler, 1992.

---. „Eternal Love or Sentimental Discourse? Gender Dissonance and Women's Passionate 'Friendships'." *Outing Goethe and His Age.* Hg. Alice Kuzniar. Stanford: Stanford UP, 1996. 228-49, 270-73.

---. „Performing Genders: Three Plays on the Power of Women." *Monatshefte* 86 (1994): 95-115.

---. *Sich einen Namen machen: Anonymität und weibliche Autorschaft, 1700-1900.* Stuttgart: Metzler, 1996.

Kubelka, Margarete. *Marie von Ebner-Eschenbach: Porträt einer Dichterin.* Bonn: Bund der Vertriebenen, 1982.

Mauser, Wolfram. „Freundschaft und Verführung: Zur inneren Widersprüchlichkeit von Glücksphantasien im 18. Jahrhundert. Ein Versuch." In Mauser und Becker-Cantarino, 213-35.

Mauser, Wolfram, und Barbara Becker-Cantarino, Hg. *Frauenfreundschaft — Männerfreundschaft. Literarische Diskurse im 18. Jahrhundert.* Tübingen: Niemeyer, 1991.

Motte-Fouqué, Caroline de la. *Die Frauen in der großen Welt: Bildungsbuch bei'm Eintritt in das gesellige Leben.* Wien: C. F. Schade, 1827.

Muehlberger, Josef. *Marie von Ebner-Eschenbach: Eine Studie.* Leipzig: Frankenstein und Wagner, 1930.

Nabl, Franz. *Marie von Ebner-Eschenbach.* Königstein/Ts.: Karl Robert Langewiesche Verlag, 1953.

Necker, Moritz. *Marie von Ebner-Eschenbach: Nach ihren Werken geschildert.* Leipzig, Berlin: Georg Heinrich Mayer, 1900.

Pfeiffer, Joachim. „Friendship and Gender: The Aesthetic Construction of Subjectivity in Kleist." Übers. Robert D. Tobin. *Outing Goethe and His Age.* Hg. Alice Kuzniar. Stanford: Stanford UP, 1996. 215-27, 270.

Pfeiffer, Peter C. „Geschichte, Leidenspathos, feminine Subjektivität: Marie von Ebner-Eschenbachs Autobiographie *Meine Kinderjahre.*" *Monatshefte* 87 (1995): 68-81.

---. „Geschlecht, Geschichte, Kreativität: Zu einer neuen Beurteilung der Schriften Marie von Ebner-Eschenbachs." *Zeitschrift für deutsche Philologie. Sonderheft zum Band 120: „Realismus"? Zur deutschen Prosa-Literatur des 19. Jahrhunderts* (2001): 73-89.

---. „Im Kanon und um den Kanon herum: Das Beispiel Marie von Ebner Eschenbachs." *Akten des X. Internationalen Germanistentages Wien 2000: „Zeitenwende? Die Germanistik auf dem Weg vom 20. Ins 21. Jahrhundert."* Hg. Peter Wiesinger. Bd.8. Bern etc.: Peter Lang, 2003. 113-118.

Polheim, Karl Konrad. „Einführung." *Marie von Ebner-Eschenbach: Ein Bonner Symposion zu ihrem 75. Todesjahr.* Hg. Karl Konrad Polheim. Bern etc.: Peter Lang, 1994. 7-13.

---, Hg. *Marie von Ebner-Eschenbach: Ein Bonner Symposion zu ihrem 75. Todesjahr.* Bern etc.: Peter Lang, 1994.

Rattner, Josef, und Gerhard Danzer. *Österreichische Literatur und Psychoanalyse.* Würzburg: Königshausen & Neumann, 1997.

Reichard, Georg. „Die Dramen Marie von Ebner-Eschenbachs auf den Bühnen des Wiener Burg- und Stadttheaters." *Marie von Ebner-Eschenbach: Ein Bonner Symposion zu ihrem 75. Todesjahr.* Hg. Karl Konrad Polheim. Bern etc.: Peter Lang, 1994. 97-121.

Richel, Veronica C. *The German Stage, 1767-1890: A Directory of Playwrights and Plays.* Westport, CT: Greenwood Press, 1988.

Riemann, Else. *Zur Psychologie und Ethik der Marie von Ebner-Eschenbach.* Hamburg: H. O. Persiehl, 1913.

Rose, Ferrel V. „The Disenchantment of Power: Marie von Ebner-Eschenbach's *Maria Stuart in Schottland." Thalia's Daughters: German Women Dramatists from the Eighteenth Century to the Present.* Hg. Susan Cocalis und Ferrel Rose. Tübingen: Francke, 1996. 147-60.

---. *The Guises of Modesty: Marie von Ebner-Eschenbach's Female Artists.* Columbia, S.C.: Camden House, 1994.

Schlegel, August Wilhelm. *Vorlesungen über schöne Litteratur und Kunst. Erster Teil (1801-1802): Die Kunstlehre.* Heilbronn: Verlag von Gebr. Henninger, 1884.

---. *Vorlesungen über dramatische Kunst und Literatur.* 2 Bde. Stuttgart et. al.: Kohlhammer, 1966-67.

Schlegel, Friedrich. „Gespräch über die Poesie." *Athenäum.* Hg. August Wilhelm und Friedrich Schlegel. III/1 (Berlin 1800): 58-128; III/2: 169-87.

Schönfeldt, Sybil Gräfin. „Marie von Ebner-Eschenbach." *Marie von Ebner-Eschenbach: Dichterin mit dem Scharfblick des Herzens*. Hg. Sybil Gräfin Schönfeldt. Stuttgart: Quell, 1997. 9-68.

---, Hg. *Marie von Ebner-Eschenbach: Dichterin mit dem Scharfblick des Herzens*. Stuttgart: Quell, 1997.

Steiner, Carl. *Of Reason and Love: The Life and Works of Marie von Ebner-Eschenbach (1830-1916)*. Riverside, CA: Ariadne Press, 1994.

Stone, Lawrence. *The Family, Sex and Marriage in England 1500-1800*. New York, Hagerstown, MD, San Francisco und London: Harper & Row, 1977.

Streitfeld, Erwin. „Ein bisher verschollenes Porträt der Marie von Ebner-Eschenbach. Zu seiner Wiederentdeckung nach 100 Jahren." *Marie von Ebner-Eschenbach: Ein Bonner Symposion zu ihrem 75. Todesjahr*. Hg. Karl Konrad Polheim. Bern etc.: Peter Lang, 1994. 275-99.

Strelka, Joseph P. „Vorwort." *Des Mitleids tiefe Liebesfähigkeit: Zum Werk der Marie von Ebner-Eschenbach*. Hg. Joseph P. Strelka. Bern etc.: Peter Lang, 1997. 7-9.

---, Hg. *Des Mitleids tiefe Liebesfähigkeit: Zum Werk der Marie von Ebner-Eschenbach*. Bern etc.: Peter Lang, 1997.

Tanzer, Ulrike. *Frauenbilder im Werk Marie von Ebner-Eschenbachs*. Stuttgart: Akademischer Verlag Hans-Dieter Heinz, 1997.

Tögel, Edith. „Daughters and Fathers in Marie von Ebner-Eschenbach's Works." *Oxford German Studies* 20-21 (1991-92): 125-36.

---. „'Entsagungsmut' in Marie von Ebner-Eschenbach's Works: A Female-Male Perspective." *Forum for Modern Language Studies* 28 (1992): 140-49.

---. „The ‚Leidensjahre' of Marie von Ebner-Eschenbach. Her Dramatic Works." *German Life and Letters* 46/2 (1993): 107-19.

---. *Marie von Ebner-Eschenbach: Leben und Werk*. New York etc.: Peter Lang, 1997.

Weilen, Alexander von. „Marie von Ebner-Eschenbach auf dem Theater." *Über Land und Meer* 64 (1890): 1003.

Wilpert, Gero von. „Novelle." *Sachwörterbuch der Literatur*. 6. Aufl. Stuttgart: Alfred Kröner, 1979. 556-59.

Woltmann, Karoline von. *Ueber Natur, Bestimmung, Tugend und Bildung der Frauen*. Wien: Wallishausser, 1826.

Zeman, Herbert. „Ethos und Wirklichkeitsdarstellung—Gedanken zur literaturgeschichtlichen Position Marie von Ebner-Eschenbachs." *Des Mitleids tiefe Liebesfähigkeit: Zum Werk der Marie von Ebner-Eschenbach*. Hg. Joseph P. Strelka. Bern etc.: Peter Lang, 1997. 111-18.
http://gutenberg.spiegel.de/autoren/ebnresch.htm

Printed in the United Kingdom
by Lightning Source UK Ltd.
PP419000001B/1-30